Alchemie
der Küche

Dr. med. Peter Schleicher

Alchemie der Küche

Vom Geheimnis
großer Kochkunst
und der Heilwirkung
feiner Speisen

Raffinierte Rezepte von
Eckart Witzigmann

Mosaik

Vorwort

Nach intensiven Jahren immunologischer Forschung und der Suche nach schadfreien Therapien für chronische Krankheiten führte mich eine persönliche Begegnung ins Herz der alchemistischen Geheimwissenschaft. Es folgten Besuche in einer der ältesten Bibliotheken der Welt im Kloster Strachov in Prag, in privaten Archiven in der Schweiz und der reichhaltigen Spezialbücherei von Soluna in Donauwörth, wo ich die Schriften der Alchemisten über die Wirkung von Pflanzen und Naturprodukten einsehen konnte.

Zu dieser Zeit ergaben wissenschaftliche Versuche am Atominstitut der Universität Wien, dass Pflanzen unterschiedliche Strahlungsmuster haben: Jede Pflanze besitzt ein ganz eigenes Strahlungsfeld, einen »energetischen Fingerabdruck« gewissermaßen. Dieses Strahlungsmuster ergreift mit seinen »Informationen« in Bruchteilen von Sekunden das Abwehrsystem unseres Körpers, das regulativ mit dem Hormonsystem und der Emotion verknüpft ist. Bei chemischen Substanzen, aus denen die meist synthetischen Pharmaka hergestellt werden, findet man diese Vorgänge nicht.

Naturheilmittel nach klassisch alchemistischem Verfahren werden heute wieder hergestellt. Ich verwende sie in meiner Praxis mit größtem Erfolg. Benutzt werden dabei Pflanzen von höchster Qualität, verarbeitet und gemischt mit Mineralien, die alchemistisch aufbereitet sind.

Solche Aufbereitungsverfahren fand ich wieder, als ich mit meinem Freund Eckart Witzigmann zu kochen begann. Der Koch des Jahrhunderts erschien mir wie ein Adept, ein Eingeweihter in die Geheimnisse der Alchemie. In langen Gesprächen diskutierten wir die Prinzipien der Alchemie wie die großer Kochkunst und stellten erstaunliche Übereinstimmungen fest: die Alchemie der Küche.

Davon wollen wir erzählen, um das wahre Geheimnis guter Ernährung offen zu legen, damit in vielen Küchen ein ganzheitliches Bewusstsein für gesundes Essen einkehrt.

Dr. Peter Schleicher, München

Inhalt

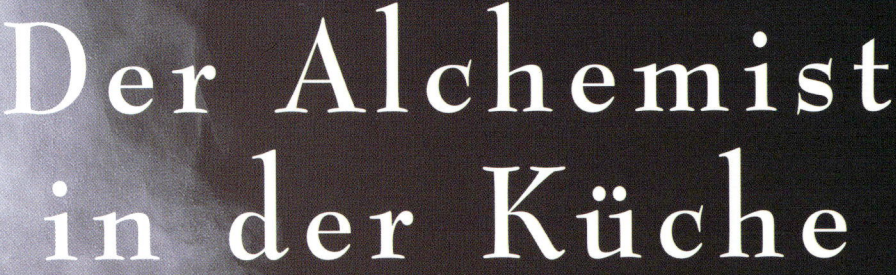

Der Alchemist in der Küche

Jede Küche ist zugleich ein alchemistisches Labor. Was man dort mit Lebensmitteln anfängt, ist nichts anderes als das, womit auch die alten Alchemisten begannen – nur nannten sie ihr Arbeitsmaterial Materie. Also trennen wir zuerst die Materien voneinander, die wir für ein genießbares Gericht brauchen. Dann reinigen wir die einzelnen Produkte von Bestandteilen, die ungenießbar oder unbekömmlich sind. Und schließlich bringen wir die getrennten und gereinigten Stoffe in einer Weise zusammen, die sie veredelt und zum köstlichen Mahl gestaltet. Das ist pure Alchemie.

Lauter kleine Wunder

Schon in jungen Jahren war Goethe fasziniert von den Geheimnissen der Alchemie.

Ein guter Koch ist auch ein begabter Alchemist. Kein Wunder eigentlich, handelt es sich in beiden Bereichen doch um Geheimwissenschaften, wenn man erst einmal die Schwelle vom Dilettanten zum Adepten, von der Alltagspraxis zur Kunstform überschreitet. In unserem Falle – vom Verzehr zum Genuss, von Fast Food zu Slow Food, von der Nahrungsaufnahme zur Lebensqualität, von der schnellen Küche zur guten Küche. Was dabei nicht jedermann und -frau klar ist: Die gute Küche ist nicht nur geschmacklich, sondern auch gesundheitlich die bessere Küche, wie uns wissenschaftliche Untersuchungen und ärztliche Ratschläge zeigen, weil sie nämlich ganzheitliche Bedürfnisse des Körpers und der Psyche aufnimmt und erfüllt.

Das kommt nicht von ungefähr. Von alters her gibt es einen unauflöslichen Zusammenhang zwischen dem menschlichen Bedarf an

Die bedeutende Puppenspielfabel des Faust klang und summte gar vieltönig in mir wider. Auch ich hatte mich in allem Wissen umhergetrieben und war früh genug auf die Eitelkeit desselben hingewiesen worden. Nun trug ich diese Dinge, so wie manche andre, mit mir herum und ergötzte mich daran in einsamen Stunden, ohne jedoch etwas davon aufzuschreiben. Am meisten aber verbarg ich vor (Johann Gottlieb) Herder meine mystisch-kabbalistische Chemie und was sich darauf bezog, ob ich mich gleich noch sehr gern heimlich beschäftigte, sie konsequenter auszubilden, als man sie mir überliefert hatte.

Goethe, »Dichtung und Wahrheit«

Lebensmitteln und ihrer verträglichen Zubereitung mit dem Bestreben, die Lebensbedingungen des Menschen in der Abhängigkeit von Natur und Kosmos zu erforschen. Die sich darum kümmerten, waren in unserem Sprachgebrauch Philosophen oder Weise, Ärzte oder Heilkundige – und eben auch Alchemisten, frühe Naturwissenschaftler sozusagen, die erkennen wollten, »was die Welt / im Innersten zusammenhält, / schau alle Wirkenskraft und Samen / und tu nicht mehr in Worten kramen.«

Den Doktor Johannes Faustus, den Goethe in solchen Versen zur Gestalt der Weltliteratur verewigte, hat es in Wirklichkeit gegeben: ein Astrologe, Zauberer und Quacksalber, ein Schwarzkünstler oder »Alchemist«, den 1540 im lieblichen Staufen im Breisgau der Teufel geholt haben soll. Und es ist, wiederum, kein Zufall, dass der auf vielen Wissensgebieten gebildete und interessierte Dichter gerade diesen Faust als Figur des ewig suchenden und zweifelnden Menschen wählte. Johann Wolfgang von Goethe (1749 - 1832) hat sich sehr intensiv mit der Kunst der Alchemie beschäftigt, die im Zeitalter der Aufklärung als Erfahrungshintergrund exakter Wissenschaften durchaus noch gegenwärtig war. Denn sie behauptete ein Prinzip, das die damalige Moderne strikt bestritt: eine in allen Dingen webende Wechselwirkung von Natur und Kosmos, von Geist und Materie, eine ganzheitliche Weltvorstellung.

In Auerbachs Keller zu Leipzig soll der Doktor Faustus 1525 mit Studenten getafelt haben.

11

Die drei Schritte

Um Geheimnis und Zusammenhang des Kosmos auf die Spur zu kommen – so folgerten die alten Weisen und frühen Forscher –, musste man die augenscheinlich vielfältig zusammengesetzten Stoffe und Produkte der Natur aus ihren Verbindungen lösen und auf ihre ursprünglichen Substanzen und untrennbaren Elemente zurückführen. Diesen ersten Schritt ihres Experimentierens bezeichneten die Alchemisten in der lateinischen Version als *Separatio*, zu Deutsch Trennung. Ein griechischer Philosoph, Demokritos aus Abdera (460 - 370 v. Chr.), gab solchen letzten universalen Teilchen den Namen Atome.

So weit in die gedankliche Abstraktion reichte die Praxis der Alchemie nicht. Sie hielt sich an die vorliegende Materie und versuchte, ihre mineralischen oder organischen Grundsubstanzen in ihrer reinsten Form zu eliminieren, ihre besondere Eigenart hervorzuheben, sie von allen Beimischungen zu reinigen, und nannte diese Verfahren *Purificatio*.

Im dritten Schritt der alchemistischen Methode kommt der überwölbende ganzheitliche Ansatz wieder zur Geltung. Die Alchemisten waren der Überzeugung, dass es möglich sei, die so getrennten und gereinigten Baustoffe der Natur durch bestimmte Kombinationen und Verfahren auf einer höheren Stufe in eigener Gestalt und Wirkung wieder zusammenzuführen; sie hießen dieses Prinzip *Cohobatio*. So sollte es glücken, unedle Metalle zu Silber oder Gold zu veredeln. So gelang es ihnen aber auch, durch Trennung, Reinigung und Konzentration natürlicher Stoffe und neue Zusammenstellung wirkungsvolle Heilmittel herzustellen.

Diese Verwandlung der Materie – das ist der Kern alchemistischer Weisheit – konnte allerdings nur derjenige erreichen, der in diesem Schaffensprozess gleichzeitig selbst eine geistige Wandlung, eine seelische Läuterung erlebte und somit zum Adepten, zum Eingeweihten der geheimen Wissenschaft wurde. Ein Wortkrämer durfte er aber nicht sein, da waren die Alchemisten strikt und

Dass die Erde nur Teil des universalen Kosmos ist, war den Alchemisten lange vor der kopernikanischen Wende des Weltbildes klar: Das All besteht aus derselben Urmaterie, mineralische Stoffe sind Teil organischen Lebens.

sicher: Wer die Geheimnisse verrät, verliert seine Schaffenskraft. Gar so streng sind die Regeln der großen Köche nicht, auch wenn selbst dem begabten Laien das letzte Geheimnis ihres Gelingens ein Rätsel bleibt: Wie gibt er diesem Gericht nur den (und jedes Mal einen anderen) ganz besonderen Pfiff, die finale alchemistische »Projectio«? Denn mit den Alchemisten hat ein guter Koch sehr viel gemein: die natürlichen Produkte, die Verfahrensweisen und Techniken, die notwendigen Gerätschaften – und ein sehr guter Koch neben der Lust am Experimentieren auch das Gefühl für die richtigen Mengenverhältnisse und das Gespür für wirkungsvolle Zusammenstellungen.

Wie ein Alchemist beginnt der gute Koch damit, die einfachen Produkte der Natur auf ihre substanzielle Form zurückzuführen, zu ihrer unverfälschten Eigenart. Warum zum Beispiel karamellisiert er zuerst einen Löffel Zucker in der Pfanne und löscht ihn mit Essig ab, bevor er darin mit frischen Früchten und ihrem passierten Fleisch eine pure Tomatensoße aufbaut?

Wie ein Alchemist ist er bestrebt, die Wirkung der natürlichen Stoffe durch verwandte Essenzen zu verstärken. Warum fügt er dem Ansatz der Tomatensoße angedünstete Zwiebeln und ungeschälten Knoblauch hinzu? Warum beträufelt er den mit Fenchelkraut gefüllten Meeresfisch mit Pastis, ehe er in Folie gehüllt und im Ofen gegart wird?

Und wie ein Alchemist versucht er in seinen Zusammenstellungen den harmonischen Zusammenhang natürlicher Kräfte zur Geltung zu bringen. Zum Wolfsbarsch in der Salzkruste passt das kräftige Aroma von Sternanis, zum Bachsaibling der zartbittere Hauch von Wiesenkräutern; ein feines Stubenküken erfährt durch eine würzige Quarkfüllung einen unerwarteten Kontrast; mit den Lammkoteletts werden scharfe Süßkartoffeln kombiniert; mildes Rotkraut überrascht durch den fruchtigen Beiklang von Orangen und Ingwer. Zu solcher Geschmackssicherheit und Kunstfertigkeit gehören handwerkliche Praxis und ein fortlaufend zu überprüfendes Wissen ebenso wie kontrollierte Intuition und der Drang, immer Neues zu erforschen. So wie das bei jeder Art kreativen Anspruchs der Fall

ist, die uns ursprüngliche und unbekannte Formen der Erfahrung und des Erlebens erschließt: im Alltäglichen wie im Außergewöhnlichen, in Kunst und Wissenschaften und hier im Besonderen in Sachen des Geschmacks wie der physischen und psychischen Gesundheit.

Weise und Ärzte

D ie Alchemisten haben diesen Zusammenhang stets erkannt und sich bei aller naturwissenschaftlichen Neugier den Einklang von Mensch und Kosmos zum hohen Ziel gesetzt, auch wenn ihre minderen Zauberlehrlinge und Scharlatane lediglich auf die Verwandlung von Blei in Gold erpicht waren. Die wirklich Großen unter ihnen waren längst einen Schritt weiter gegangen.

Weise aus China wie Konfuzius (551 - 479 v. Chr.) oder der legendäre Lao-tse (6. Jh. v. Chr.) wurden zu Namensvätern universaler Lebensphilosophien, die als Lehre von den Urkräften *Yin* und *Yang* und als *Taoismus* heute nicht nur in der Esoterik, sondern ebenso in der ganzheitlichen Medizin starken Einfluss gewonnen haben. Dahinter steht eine uralte, sehr realistisch angelegte Erkenntnis, dass nämlich Lebensrhythmus und Ernährungsgewohnheiten in unmittelbarer Beziehung zur kosmischen Harmonie, zur physischen und psychischen Verfassung des Menschen stehen, schlicht: zu Gesundheit, Wohlbefinden und Befindlichkeit. Dass dann auch von langer Lebensdauer und gar von ewigem Leben die Lehre ist, erscheint zunächst einmal gerechtfertigt – und zum anderen als ein nicht nur alchemistisches Traumziel. Unter heutigen Gesichtspunkten aber ist bemerkenswert: Da wurden durchaus sehr probate und äußerst gesunde Ernährungsweisen entwickelt und zur Regel empfohlen!

Das indische *Ayurveda*, in gleicher Weise dem globalen Themenkreis der Alchemie zugerechnet, ist noch stärker ins geschichtliche Dunkel getaucht. Die ältesten Überlieferungen sollen 2700 Jahre alt sein, und die Entstehungssage ist eindeutig. Da zogen sich angesichts grassierender Krankheiten fünfzig weise Maharischis zur Meditation zurück, um universale Strukturen und Naturgesetze des Kosmos zu erkennen und Lösungen zu finden, wie man den Menschen daraus Ratschläge für ein gesundes, langes und harmonisches Leben erteilen könne. Auch sie suchten dabei nach dem Einklang kosmischer Prinzipien mit menschlichen Lebensabläufen und Ernährungsweisen – und nach Rezepten, mit welchen Produkten der Natur, in welcher Zubereitung und Zusammenstellung der Gerichte diese Wirkung am besten zu erreichen sei. Das reale Ergebnis solchen wohl doch ganz historischen Forschens und Experimentierens, das durch das Spektrum verfügbarer Nahrungsmittel bestimmt und begrenzt war, ist eine überwiegend vegetarische Küche kontinentweiter regionaler Verbreitung, deren gesundheitlicher Effekt und immunologischer Wert zur Abwehr von Erkrankungen von den medizinischen Wissenschaften bestätigt wird und die auch im Westen eine immer größere Schar von Anhängern findet.

In den bekanntesten Gestalten der abendländischen Alchemie erkennen wir diese Entwicklung wieder – und ihre Herkunft. Avicenna (980 - 1037) hieß eigentlich Ibn Sina und wirkte als Arzt und Philosoph in Persien. Sein Hauptwerk »Canon medicinae« wurde maßgebend für die ärztlichen Anschauungen des Mittelalters. Nebenbei entdeckte er bei seinen Experimenten auch den Siedepunkt von Weingeist (*al-kuhl* oder Spiritus), der bei 78,3 °C niedriger als der des Wassers (100 °C) ist und damit wichtig für die Destillation von Essenzen und Gewinnung von Heilmitteln aus alkoholischen Lösungen.

Ein Arzt und Philosoph war auch Averroes (arabisch: Ibn Roschd, 1126 - 1198). Er lebte im spanischen Kalifat Córdoba und beeinflusste durch seine Auslegungen der aristotelischen Metaphysik und seine Religionskritik (»Der würdigste Gottesdienst ist die Erkenntnis der Natur«) nachhaltig die mittelalterlichen Lehrmeinungen – die christliche Kirche empörte sich ebenso wie die islamischen Autoritäten.

Und schließlich steht da am Ausgang des Mittelalters der Arzt, Naturforscher und Philosoph Paracelsus (1493 - 1541), der mit vollem Namen Philippus Aureolus Theophrastus Bombastus von Hohenheim hieß, im schweizerischen Einsiedeln geboren und nach aufregenden Lehr- und Wander- und Meisterjahren so gepriesen wie umstritten in Salzburg gestorben ist und in seiner Leistung noch lange verkannt blieb. Paracelsus setzte den scholastischen Erstarrungen damaliger Schulmedizin das naturwissenschaftliche Experiment und die individuelle ärztliche Erfahrung entgegen. Den »inneren Arzt«, die Heilkraft der Natur selbst müsse man unterstützen: durch ein naturgemäßes Leben und natürliche Arzneien. Heilmittel solcher Art hat Paracelsus aus mineralischen und vor allem organischen Stoffen nach alchemistischen Verfahren erforscht, in erstaunlich einfühlsamer Anwendung erprobt und entwickelt – und damit die Grundlagen der neueren Arzneimittelbehandlung geschaffen.

In jedem Ding ist eine Essenz und ein Gift.
Essentia ist das, was den Menschen am Leben erhält,
Gift das, was ihm Krankheit zufügt.
Paracelsus

Archeus, ein Lebensgeist

Erstaunlich, was Paracelsus schon vor rund einem halben Jahrtausend über die Rolle von Ernährung und Stoffwechsel zu sagen wusste, denn da finden wir verblüffende Vorausahnungen immunologischer Erkenntnisse. Jedes Nahrungsmittel, behauptet Paracelsus, enthält dem Menschen Zuträgliches – *Essentia* – ebenso wie Schädliches, das ihn krank machen kann: Gift. Doch essen und trinken muss der Mensch. Also kommt es darauf an, dass er aus seiner Nahrung das Gift trennt und die feinstofflichen Essenzen sich anverwandelt. Den in diesem Sinne wohltätig wirkenden Lebensgeist nennt Paracelsus *Archeus*:

»Für das Unvollkommene, das wir zu unserem Schaden
gebrauchen müssen, hat Gott uns einen Alchimisten gegeben,
damit wir das Gift, das wir mit dem Guten einnehmen,
nicht als Gift verzehren, sondern von dem Guten scheiden können.
Dieser ist ein so großer Künstler, dass er die beiden voneinander
scheidet. Das Gift steckt er in einen Sack und das Gute
gibt er dem Leib.
Er verwandelt das Gute in eine Tinktur, die er dem Leibe eingibt,
auf dass er lebe. Dieser Alchimist hat im Magen seinen Sitz,
der sein Instrument ist, worin er kocht und arbeitet.«

Es ist nur konsequent, dass Paracelsus seinen Archeus als einen Alchimisten bezeichnet. Alchemie ist die Scheidekunst – und genau das leistet der Archeus: Er trennt das Grobe vom Feinen, indem er die Nahrungsstoffe zu Speisebrei auflöst und zur Gärung bringt, dann die »unedlen« Substanzen absondert und das Essenzielle zu neuer Form und Wirkung verändert. Und Paracelsus hat in diesen alchemistischen Vorgang nicht allein den Magen und den Darm ein-

Theophrastus Bombastus von Hohenheim war ein umstrittener Mann. Dieses Porträt vor 1530 stammt aus Lebensjahren, in denen der weit gereiste Arzt und Lehrer auf der Höhe seines Rufes stand.

19

bezogen, sondern eine entscheidende Rolle der Leber bei der Energieumwandlung und gleichfalls der Nieren zur Ausscheidung des »Unreinen« hervorgehoben. Gelänge es diesen vieren nicht, den Körper von »Schleimigem und Steinigem« zu befreien, so folge Verwesung (*Digestio* oder *Dyskrasie*, nach Hippokrates: falsche Zusammensetzung der Körpersäfte) und der Archeus selbst würde schließlich erkranken:

»Wenn der Alchimist krank ist, dass er das Gift nicht mit vollkommener Kunst vom Guten zu scheiden vermag, dann geht Giftiges und Gutes gemeinsam in Verwesung über und dann entsteht eine Digestio.... Das ist dann die Mutter aller Krankheiten.«

Übersetzt man diese Begriffe und Beschreibungen in die Sprache der modernen Medizin, so werden die Ähnlichkeiten mit unserem Wissen vom organischen Stoffwechsel und seinem Funktionieren unverkennbar. Der Immunologe kann die alten Bilder ohne weiteres aufnehmen und dadurch neue Erkenntnisse anschaulicher machen. Denn wie unser Körper Nahrung aufnimmt und sie verarbeitet, mit welcher Sensibilität unser Organismus auf die Nahrung reagiert, ihre Ingredienzen trennt und prüft, wie prompt und mächtig seine Abwehrmechanismen eingreifen, wie kompliziert und komplex Gesundheit und Wohlgefühl, die Harmonie von Körper, Geist und Seele ausbalanciert werden – diese Vorgänge bewegen sich nicht nur für Laien und Esoteriker zwischen Geheimnis und Wunder. Auch Ärzte stoßen hier immer wieder auf Überraschungen und müssen ihre Kenntnisse korrigieren und erweitern. So hat gerade die immunologische Forschung in den letzten Jahrzehnten ganz neue Aufschlüsse über die Bedeutung und Wirkung der Nahrungsmittel und der Ernährungsweise gewonnen. Dabei hat die Wissenschaft manches wieder entdeckt und bestätigt, was schon den Alchimisten bekannt schien und von guten Köchen seit langem berücksichtigt und geübt wird: aus Gründen des Geschmacks zum Besten der Gesundheit.

Aus einer alchemistischen Lehrschrift des 16. Jahrhunderts: Die Sonne verkörpert das Zeugende und das Prinzip Sulfur.

Edelmann – Bürger, Bauer, Bettelmann

Freilich darf man sich diese gesunde Küchenpraxis nicht als eine logische und zielstrebige Entwicklung vorstellen. Was die Philosophen und Alchemisten in Ost und West seit nun schon einigen Jahrtausenden als Mittel und Wege zu harmonischer Lebensführung und gesunder Ernährung lehrten, wurde gewiss unter ihren Jüngern und Anhängern, in Sekten und Orden praktiziert, und dort oft nach strengen Regeln. Aber schon im Umkreis der Herrscher und hohen Herren, in deren Schutz und Obhut sie meist ihre Kunst entfalteten, hörte man auf ihren ärztlichen Rat zu maßvollen Speisen in überlegter Abstimmung der Zutaten und Zubereitung allenfalls im Krankheitsfall.

Üblicherweise schätzten die Herrschaften üppige Gerichte und ausgedehnte Gelage, bei denen von den Leibköchen weniger Rücksicht auf Leib und Seele als auf Fülle und Prachtentfaltung erwartet wurde. Das lässt sich von den chinesischen Kaisern über indische

Jan Brueghel der Ältere, »Der Geschmack« (1618): Opulenz gepaart mit Sinnenfreude

Kaiser Maximilians Hofzeichner Hans Schäufelein hat es um 1520 sehr beschaulich dargestellt: die Ablieferung des bäuerlichen Zehnten an die geneigte Herrin. In Wirklichkeit war es eine äußerst bedrückende und strikt eingetriebene Fron der Leibeigenen.

Radschas, ägyptische Pharaonen, römische Cäsaren und arabische Kalifen bis an die europäischen Fürstenhöfe des Mittelalters und der Renaissance in Berichten und Menüfolgen nachzeichnen. Die kleineren Herren und die größeren Kaufleute eiferten ihnen mit solchen Tafeleien ebenso nach wie das aufkommende Bürgertum der Neuzeit.

Man muss nur einmal in das beeindruckende »New Kochbuch« von 1581 des Kurfürstlich-Mainzischen Mundkochs Marxen Rumpolt schauen, um einen Begriff dieser wahllosen Üppigkeit zu bekommen. Da sind zum Beispiel für eine spanische Olla podrida 90 Zutaten aufgeführt, und allein unter den Fleischsorten fehlt kaum ein genießbares Säugetier oder Federvieh. Solche Völlerei ziemte selbstverständlich nur Fürsten. Rumpolts Kochbuch ist nach Ständen gegliedert und legt die jeweils schickliche Zahl der Gänge und Art der Gerichte fest. In absteigender Linie natürlich. Dem Kaiser gebührt Hechtsuppe, für den Bürger reicht Brühe vom Kapaun, und dem Bauern genügen aufgekochte Erbsen.

Nun heißt das freilich nicht, dass ein starker Edelmann dreimal täglich 13 Gänge verschlang, ein wohlhabender Kaufmann zweimal am Tag die Hälfte verdrückte und der reiche Bauer fünfmal täglich ordentlich zulangte. Die Prassereien waren auch in diesen hierarchisch gestuften Ebenen Geselligkeiten, Repräsentationszwecken und Festtagen vorbehalten. Dazwischen aß man schlicht und deftig, aber möglichst reichlich und ungezügelt, was die Kammer hergab.

Was wir damit sagen wollen: In der europäischen Küchentradition, insbesondere der nichtmediterranen, finden sich bis in die Neuzeit kaum Spuren eines gesundheitsbewussten Ernährungsverhaltens, einer in unserem Verständnis vernünftigen Esskultur. Die hätte sich seit dem Mittelalter ja nur dort aus alten Überlieferungen und zeitgenössischen Lehren der Alchemisten – auf deren ärztliche Ratschläge die Herren und Damen aus Eigennutz wie Aberglaube sonst durchaus hörten – entwickeln können, wo man es sich leisten konnte: an den fürstlichen Höfen, im städtischen Großbürgertum, in den feudalen Kreisen. Doch da diente das Speisen und Dinieren lediglich zur Demonstration von Macht und Reichtum und eines von Fall zu Fall opulenten Genussverhaltens, das mit Geschmackskultur meist wenig und mit gesundheitlichen Überlegungen gar nichts zu tun hatte. Das ist keine Verurteilung; die Zeiten waren so, die Privilegierten und Besitzenden verhielten sich so. Es ist eine Feststellung.

Allerdings wird bei dieser Feststellung der überwältigend große Rest der Menschheit übergangen – damals wie heute. Mildernd lässt sich dieser Weltchronik eintragen: In den Reichen und Regionen des Ferneren Ostens haben die Menschen aus den Lehren ihrer Weisen gelernt, ihre kärglichen Lebensmittel wenigstens auf die rechte Art zu bereiten und durch Kräuter und Gewürze mit lebensnotwendigen Substanzen zu versehen. Doch mangelt es auch dort fast so sehr wie den Völkern Afrikas an Grundnahrungsmitteln, an Getreide und Hülsenfrüchten, an Gemüse und Obst für die unablässig wachsenden Populationen. Und es fehlt am Einfachsten, was diese Nahrungsmittel wachsen und gedeihen ließe, an reinem Wasser und verlässlichem Frieden.

Doch greifen wir den geschichtlichen Faden wieder auf: Wie sah es nun damals in den Speisekammern des großen Rests der Menschheit aus? Die Menschen nährten sich mühsam von selbst angebautem Korn und Rübenäckern, von Kohl oder Früchten, ein wenig Fleisch oder Fisch – wenn die Natur oder die Herrschaft das zuließ. Jagd- und Fischrechte gehörten den Feudalherren. Die »Bauern« waren in der Regel Hörige, Leibeigene und hatten einen so genannten Zehnten ihrer Ernte und (Milch-)Produkte abzugeben, der nicht reale zehn Prozent, sondern einen willkürlich geschätzten Anteil ausmachte und die armen Großfamilien oft genug unter den Rand des Existenzminimums brachte und hungern ließ. Auf dem Tisch stand dann ein Topf mit Mus von irgendwas und zu wenig für alle. Hierzulande können wir uns das kaum mehr vorstellen. Doch die Reisschüsseln in Indien oder Hirseschalen in Afrika sehen kaum anders aus. Übrigens: Unsere alltäglichen Lebensmittel Kartoffeln und Tomaten, Paprika und Mais hat Kolumbus zuerst in Amerika kennen gelernt – in Europa werden sie seit kaum 300 Jahren genutzt und kultiviert.

Für den Wohlstand des Feudaladels waren die Naturalabgaben wichtiger als Gold und Silber.

Die alltägliche Alchemie

Und dennoch: Von Anbeginn hat die Alchemie beim einfachsten Mahl und in der simpelsten Zubereitung eine Rolle gespielt. Das ist wohl so ähnlich wie bei der Frage nach der Henne und dem Ei.

Seit Adam und Eva kam es darauf an, etwas in den Magen zu kriegen, und dazu musste man von Pflanzenstrünken bis zu Fleischbrocken eine Reihe Lebensmittel so präparieren, dass sie verdaulich wurden. Oder haltbar für die nächsten Tage oder als Vorrat für schlechtere Zeiten, denn ein Mammut kann auch eine Sippschaft nicht auf einmal verzehren, und der nächste Winter kommt bestimmt.

Wie man solches Garen oder Konservieren hinbekommt, war zunächst eine praktische Handfertigkeit für jedermann. Dann spezialisierte sich dies nicht nur zum Handwerk der Müller, Bäcker, Fleischer et cetera, sondern da waren auch die Ältesten, die Schamanen und Weisen, die bestimmte Techniken bewahrten, mit Riten und Heilkenntnissen verbanden und einfach mehr wissen wollten, erforschten und erfuhren. Sie entwickelten Methoden des Experimentierens und der Erkenntnis, die sich irgendwann als Lebenslehren, Heilwissen oder eben alchemistische Kunst niederschlugen. Und ganz praktisch auf den Alltag zurückwirkten: wie man welche Nahrungsmittel genießbar macht und zubereitet, welche Utensilien dafür taugen, welche Verfahren funktionieren.

Man kann einfach nicht kochen, ohne alchemistischen Grundregeln zu folgen: trennen, reinigen, zusammenführen. Und dabei alchemistische Gerätschaften zu benutzen, alchemistische Praktiken anzuwenden. Wer diese Zusammenhänge – bewusst oder unbewusst – nicht beachtet, wird zwar etwas zu essen haben, doch ob es genießbar oder schmackhaft sein wird, bleibt dahingestellt.

Vorratshaltung – wie macht man die täglichen Produkte haltbar?

Die Alchemie in der Küche einsetzen. Jede Hausfrau hat das seit Jahrhunderten getan – ob es sich um ein Mus aus geschrotetem Getreide handelte, das quellen und weichen muss, um seine Nährkräfte zur Entfaltung zu bringen, oder um Sauerkraut und Pökelfleisch, die durch Gärung haltbar und bekömmlicher werden. Und jeder moderne Single tut es – wenn er sich ein frisches Ei in die Pfanne schlägt und es sich im Handumdrehen zum »Ochsenauge« mit knusprigem Rand, lockerem Eiweiß und flüssigem Dotterkern verwandelt. Oder eben nicht: Dann hat er ein altes Ei erwischt und/oder Pfanne und Fett zuvor nicht genügend erhitzt. Oder das Ei schmeckt nicht: Dann hat er zur falschen Ölsorte gegriffen, die sonst zwar hervorragend ist, hier aber nicht harmoniert.

Die Beispiele zeigen schon: Ein guter Koch und eine feine Küche erfordern höhere alchemistische Talente. Dazu gehören allerdings ein paar Kenntnisse, Techniken und Einsichten, die auch ein begabter Amateur mit wachsendem Vergnügen und gesundheitlichem Nutzen erlernen und genießen kann.

Denn das Überraschende ist: Die alten Erfahrungen und Weisheiten der Alchemie werden in ihrer Umsetzung durch eine gute Küche und exzellente Köche und Köchinnen von den Erkenntnissen der modernen Ernährungswissenschaft und Immunologie bestätigt. Hier wird nicht nur feine Küche kreiert. Da entsteht auch die gesündeste Ernährungsweise – in Ausgewogenheit und Maßen –, die jemals ausgedacht wurde.

Im Grunde handelt es sich dabei nur um die Wiederbelebung der sehr alten, einer alchemistischen Vorstellung: Mensch und Materie müssen sich in Harmonie befinden – Körper, Geist und Seele mit den Kräften der Natur und des Kosmos. Also ein ganzheitliches Lebensprinzip und Gesundheitsverhalten.

Ein Meister seines Fachs

Wer Eckart Witzigmann beim Gang über den Markt und am eigenen Herd beobachtet, könnte ihn auch für einen Alchemisten halten. Im Angebot von Gemüse und Kräutern, Wild und Geflügel, Meeresfrüchten und Fleisch greift er mit magischem Gespür zu dem, was Tagesfrische und saisonale Qualität besitzt. Ein Speiseplan ist für den Laien nicht erkennbar. Der Markt scheint zu entscheiden, was gekocht wird.

Eigentlich ist er ein Großmeister, gefeiert von den Kollegen seiner Zunft, ein Jahrhundertkoch, nobilitiert von den kulinarischen Experten.

Eckart Witzigmann, der Alchemist am Herd, probiert und korrigiert. Etwas weniger von dem, dafür ein Hauch von jenem. Fragt man ihn, warum er gerade diese Vorbereitung für solche Zutat wählt und jenes Aroma in dieser Phase, schaut er eher abwesend und verständnislos. Er könnte mit dem Doktor Faustus sagen: »Wenn ihr's nicht fühlt / ihr werdet's nicht erjagen.«

Er macht kein Geheimnis daraus, aber er ist kein Wortkrämer. Und dann kredenzt er seinem Gast die einfachste Speise wie ein Lauch-Kartoffel-Süppchen mit genau derselben Freude wie eine raffinierte Kaninchensülze.

Viele seiner Rezepte sind Klassiker der Kochkunst – doch man kann ziemlich sicher sein, auch von diesen Gerichten an seinem Tisch jedes Mal überrascht zu werden. Alles stimmt und es bleibt doch ein Rätsel.

Die Getränke und Gerichte in diesem Buch hat Eckart Witzigmann wieder neu entwickelt. Aromaten spielen dabei eine besondere Rolle – es sind mehr als fünf Dutzend verschiedene Gewürze und Kräuter, Destillate und Essenzen, die sich zu immer neuen Kombinationen und Nuancen verbinden. Das Resultat ist nicht nur ein Vergnügen für jeden Kulinariker und ein Lehrstück für jeden Hobbykoch. Es ist auch verblüffend für den Arzt und Immunologen. In der medizinischen Analyse zeigt sich, dass durch die Auswahl der Zutaten und die Art der Zubereitung die natürlichen Substanzen und Wertstoffe sozusagen gereinigt und sich ergänzend voll zur Geltung kommen. Bekömmlicher und gesünder kann eine Kost kaum sein.

Ars Al-Kimiya

Die Alchemie ist eine uralte Kunst – oder Wissenschaft? Sie hat Ideen entwickelt und Wege entdeckt, die uns halfen zu erkennen, was die Welt im Innersten zusammenhält. Die Goldmacherei war lediglich ein Ziel für Scharlatane; die Weisen schwiegen darüber, auch wenn es ihnen vielleicht gelungen war. Ihr unbestreitbares Verdienst ist jedenfalls, Zusammenhänge des Lebens erforscht und dargestellt zu haben, die zu Grundlagen der Medizin und Chemie geworden sind und darüber hinaus einen ganzheitlichen Aspekt besitzen, der immer weitere Fragen eröffnet.

Aus alter Zeit

Schon beim ersten Blick in die alten Fibeln und Abbildungen der alchemistischen Kunst drängt sich der Gedanke an Küche auf. Die Werkstätten der Alchemisten sehen so gar nicht aus wie Zauberkabinette, auch nicht recht nach chemischen Labors oder Apotheken, sondern am ehesten wie hochgerüstete Kochstudios. Freilich ein bisschen altfränkisch ausgestattet, aber mit dem prinzipiell notwendigen Inventar.

Statt moderner Küchenmaschinen, Plastikbehältnisse und Instantprodukte sehen wir die klassischen Gerätschaften und Zutaten der Küchenpraxis: Töpfe, Pfannen und Schmelztiegel, Mörser und Stößel, Hackblock und Beil, bauchige Flaschen und schlanke Phiolen, den offenen Herd und einen glühenden Ofenschlund. Kräuterbündel unter der Decke, Kästen und Ablagen mit Mineralien und Gewürzen, gedeckte Krüge mit gärenden und gesäuerten Inhalten, Destillierkolben und Waagen, wie man sie vor der industriellen Produktion zur Herstellung und Abmessung von Extrakten, Essenzen und Mischungen brauchte.

Das ganze Instrumentarium der Kochkunst war da bereits vor Jahrhunderten oder gar Jahrtausenden angelegt oder vorhanden. Die Ursprünge der Alchemie sind uralt, fast so alt wie die Fähigkeit des Homo sapiens (oder war es schon der Homo erectus?), ein Feuer anzulegen und ein Essen zu garen.

Symbolisches Apotheken-Dekor aus Oberitalien: Löwenkräfte quellen aus dem Mörser (17. Jh.).

Handwerk und Philosophie

Bis in solche Vorzeiten können wir das nicht mehr – oder noch nicht – verfolgen. Doch die technischen Voraussetzungen einer Alchemie, die sich aus archaischem Naturwissen und

Heilkunde entwickelte, können wir in der »praktischen Chemie« des frühen Altertums erkennen. Bereits vor 4000 Jahren gab es im so genannten fruchtbaren Halbmond um Mesopotamien ein hoch entwickeltes Gewerbe zur Verarbeitung und Aufbereitung natürlicher Rohstoffe: Metallurgie, Bergbau, Färberei, Glasherstellung, Töpferei, Ledergerbung, Weinvergärung, Bierbrauerei. Das heißt: Man hatte zuverlässige Verfahren gefunden, natürliche Stoffe und Produkte so zu bearbeiten und zu verändern, dass sie einen anderen materiellen Zustand erreichten und für den täglichen Bedarf, für eine angenehmere Lebensführung oder jedenfalls zum Vorteil der Herrschenden und Habenden nutzbar wurden. Diese Kenntnisse und Praktiken wurden zwischen den Hochkulturen in Ägypten, Persien und Indien ausgetauscht, weiter entfaltet und breiteten sich zunehmend aus.

Sie erhielten neuen Stellenwert und Zuordnung, als die Philosophen des griechischen Zeitalters ab dem 6. Jahrhundert. v. Chr. begannen, über die Entstehung und den Aufbau der Welt nachzudenken: Woraus besteht sie, aus welchen Bausteinen setzt sie sich zusammen, wie vollzieht sich Veränderung, kann man den Bauplan des Kosmos beeinflussen? Was denn – ist da schon und wieder die Frage von Goethes Faust, »was die Welt im Innersten zusammenhält«? Die Ahnentafel der Alchemie ist lang und überraschend.

Altägyptische Grab-malerei: Weinkelter (um 1970 v. Chr.)

Die Ahnentafel

Aus einer alchemistischen Lehrschrift des 16. Jahrhunderts: Die schwarze Sonne – Symbol für den Prozess der Fäulnis

Naturphilosophie hat man dieses Nachdenken genannt, und dieses Wort verwischt, dass es sich dabei bereits damals um sehr konkrete – heute würde man sagen: existenzielle wie exakte – Überlegungen handelte. Denn in antiker Zeit waren Naturphilosophie und Naturwissenschaft eines: der Versuch, Werden und Vergehen, Wesen, Gesetze und Formen der Natur zu deuten. Diese natur- und praxisbezogen grübelnden Weisen von den ionischen Vorsokratikern an suchten also im Kopf herauszufinden, auf welche Urstoffe oder Bausteine die Welt zurückzuführen sei. Dieses Nachdenken war nicht ungefährlich. Als der Philosoph und Astronom Anaxagoras (499 - 427 v. Chr.) erklärte, die Sonne sei eine glühende Steinmasse, wurde er der Gottlosigkeit angeklagt und aus Athen vertrieben. Die Verschiedenheit der Naturkörper führte er auf unendlich viele, unveränderliche und unglaublich kleine Grundstoffe zurück, die er Samen oder *Homöomerien* nannte. In Bewegung gesetzt und geordnet werde dieses Chaos durch *Nous* – einen Geist oder Kraftstoff, den man auch Energie nennen könnte. Der Naturphilosoph Leukippos von Milet (um 450 v. Chr.) führte alles Werden und Vergehen auf solche Urstoffe zurück: Jede Veränderung erkläre sich durch Verbindung und Trennung ursprünglicher, qualitativ gar nicht verschiedener Bestandteile.

> **Kein Ding entsteht, noch auch vergeht es, sondern aus vorhandenen Dingen setzt es sich durch Verbindung zusammen, und durch Trennung dieser Dinge zerfällt es.**
>
> *Anaxagoras*

Sein Schüler Demokritos (460 - 370 v. Chr.) aus Abdera in Thrakien setzte diesen Gedanken auf verblüffende Weise fort: Diese letzten, unvergänglichen Teilchen seien durchaus verschieden voneinander und bewegten sich unablässig im leeren Raum. Er nannte sie Atome. Durch ihre Bewegung, ihre Verbindungen und Trennungen entstehen und vergehen die Dinge und Welten. Nichts geschehe darum zufällig, sondern alles notwendig.

Demokritos war ein konsequenter Denker. Nach diesem Gesetz der Notwendigkeit konnte es keine Götter und keine Unsterblichkeit geben. Er bekannte sich in seiner Ethik zum Ziel der Glückseligkeit, die in reiner Erkenntnis, in Mäßigung der Begierden und Heiterkeit des Lebens liegt: »Eudämonie und Kakodämonie der Seele wohnt nicht in Gold noch in Herden, sondern die Seele ist der Wohnsitz des Dämon.« Das ist schon alchemistisches Prinzip: Veredelung der Materie durch den Geist.

Demokrits Materietheorie ging weit über das Vorstellungsvermögen seiner Epoche hinaus – selbst heute ist dieses genial geahnte Modell Atomistik für uns fast nicht begreiflich. Und mit seiner Lebensphilosophie der Vernunft und Selbstbescheidung konnte er wohl noch weniger Begeisterung wecken unter Zeitgenossen, die in der klassischen Periode griechischen Wohlstands und politischer Macht standen und gerade die Welt, den einzig überschaubaren mediterranen Raum eroberten und für ihre Kultur vereinnahmten. Da hatten solche abgehobenen Spintisierereien wenig Werbewert und wurden kaum beachtet.

Anders war das mit Empedokles von Agrigent (483 - 423 v. Chr.). Er führte Werden und Vergehen auf die Mischung und Trennung von Feuer, Luft, Wasser und Erde zurück, bewirkt durch die Kräfte Liebe und Hass. Eine so plastisch vorstellbare Darstellung von der Wechselbeziehung physischer und psychischer Kräfte konnte ein intelligenter Mensch und forschender Sinn – geistige Auseinander-

33

setzung war in dieser frühen Kulturgesellschaft schließlich auch ein Beweis und Merkmal sozialer Oberschicht – durchaus nachvollziehen. Sie entsprach der eigenen Natur- wie Selbsterfahrung: Wirkungen und Austausch dieser gewaltigen Naturmächte waren für jedermann einsichtig; warum sollten sie nicht die Urstoffe, die Elemente dieser Erde darstellen? Andererseits waren da auch schwer fassbare Strömungen und geistig-seelische Antriebe im Weltwirken unverkennbar; warum sollten also nicht hinter etwas, was man ebenso als Freundschaft und Zwist oder Anziehung und Abstoßung bezeichnen könnte, die bewegenden Prinzipien zu erkennen sein?

BIOGRAFIE EINES ALCHEMISTEN

Der Philosoph Empedokles stammte aus der griechischen Kolonie Akragas, die von dem Lyriker Pindar als »schönste Stadt der Sterblichen« besungen wurde. Er zog als bewunderter Arzt und Wanderprediger durch die blühenden Niederlassungen der Griechen auf Sizilien und soll der Legende nach diesem Leben durch einen Sturz in den Krater des Ätna ein Ende gesetzt haben. Empedokles schuf den wissenschaftlichen Begriff des *Elementes*: ein Stoff, der mit den zu Gebote stehenden Mitteln nicht weiter zerlegt werden kann. Zugleich war er Mystiker, Anhänger der orphischen Lehre und in Übereinstimmung mit seiner Materietheorie überzeugt von der Seelenwanderung.

Der Universalist

Zur überragenden Figur wurde dennoch ein Dritter, Aristoteles von Stagira (384 - 322 v. Chr.). Dabei spielen denn auch, wie nicht selten in der Karriere und Entwicklung genialer Gestalten, ein paar biografische Momente eine Rolle.

Der Knabe Aristoteles wurde in der Region Thrakien geboren, die sich der makedonische König Philipp II. (382 - 336 v. Chr.) bald darauf aneignete – und anschließend die Herrschaft über den gesamten Korinthischen Bund, also die klassischen griechischen Stadtstaaten. Zu der Zeit war der Jüngling Aristoteles längst ein Schüler Platons (427 - 347 v. Chr.) in Athen geworden, inzwischen Lehrer an der Akademie und seit einigen Jahren Erzieher am Fürstenhof von Atarneus in Kleinasien: Der Mann hatte sich – auch als Widerpart Platons – einen Namen gemacht. Im Jahr 343 berief ihn Philipp als Erzieher seines Sohnes Alexander nach Makedonien. Alexander der Große (356 - 323 v. Chr.) war überzeugt von der konkurrenzlosen Überlegenheit griechischer Zivilisation und seiner Mission, sie in die Welt zu tragen. Das lag gewiss nicht zuletzt an seinem eindrucksvollen Lehrer. Und so konnte es gar nicht ausbleiben, dass Ruf und Lehren des Aristoteles und seiner philosophischen Schule in Athen mit den Eroberungen Alexanders über den hellenischen Kulturkreis nach Alexandria, Syrien, Arabien und bis nach Persien und Indien verbreitet wurden.

Aristoteles war das Universalgenie seiner Zeit. Er überblickte nicht nur deren gesamtes Wissen. Als »größter Systematiker der abendländischen Geistesgeschichte« begründete er in seinen Schriften mit analytischem und analogem Denken, strenger Begriffsbildung und empirischer Methode philosophische Disziplinen und Wissenschaftszweige von der Logik bis zur Metaphysik. Der Materietheorie fügte »der Stagirite« noch ein fünftes, spekulatives Element hinzu, die reine Himmelsluft, Äther.

Die »Elementenlehre« des Aristoteles bildete für zwei Jahrtausende die Grundlage abendländischen Nachdenkens über die Natur der

Philosoph und Naturforscher: Aristoteles

Natur. Danach ist jede irdische Materie aus den veränderlichen Elementen *Erde*, *Wasser*, *Luft* und *Feuer* aufgebaut, die jeweils aus Urmaterie und zwei der vier Urqualitäten *kalt*, *warm*, *feucht* und *trocken* bestehen.

**Die Erde ist kalt und trocken,
das Wasser kalt und feucht,
die Luft warm und feucht,
das Feuer warm und trocken.**

Jedes Element kann nach Aristoteles in ein anderes verändert werden, indem man eine oder zwei seiner Urqualitäten in ihr Gegenteil (Kälte, Wärme, Feuchtigkeit oder Trockenheit) umwandelt – wobei sich die Urmaterie nicht verändert.

Jede natürliche Substanz setzt sich aus diesen Elementen und Qualitäten zusammen und kann danach in eine andere Substanz verwandelt werden – durch chemische oder, vorsichtiger gesagt, »inhaltliche« Prozesse, die man mit dem Begriff *Transmutation* bezeichnet.

Ähnliche Anschauungen über den materiellen Aufbau der Welt (Fünf-Elemente-Lehren und Atomtheorien) bildeten sich um diese Zeit auch in China (Taoismus) und Indien (Ayurveda) heraus.

Das Geheimnis des Lebens

Den Begriff Alchemie gab es in jener Epoche nicht. Wollte man ihn ihr zuordnen, so müsste man von Naturphilosophie oder Materietheorie sprechen. Denn »Alchemisten« gab es schon.

Das waren jene Leute, die das Streben nach Erkenntnis der Natur und ihrer Gesetze mit experimentellem Verhalten verbanden. Seien es Heilkundige, Heiler oder Ärzte, die nach alten Überlieferungen mit neuen Erfahrungen Medizinen aus Pflanzen und Mineralien schufen, um Krankheiten zu bekämpfen und Gesundheit zu schützen; Handwerker und Ingenieure, die ebenfalls organische Stoffe oder mineralische Substanzen zur besseren Nutzung für den menschlichen Gebrauch – Ernährung, Kleidung, Schmuck oder Rüstung, Metallurgie und Gerätebau – bearbeiteten; oder jene Wissensdurstigen, die nun aus den aristotelischen Lehren vom Aufbau der Welt und der Zusammensetzung der Materie Konsequenzen zogen und untersuchten, ob und wie sich die Theorie durch Experimente beweisen oder widerlegen ließe – die Umwandlung der Materie im menschlichen Labor.

Planetengott Mercurius: Bote der Götter, Geleiter der Toten und alchemistischer Name für das Prinzip Quecksilber

Alchemie wird allzu häufig und immer noch verstanden als obskure Goldmacherei: ein Metier von Scharlatanen und Zauberlehrlingen, die vorgaben, durch geheimnisvolle Methoden Gold herstellen zu können. In der Tat, mit diesem Versprechen haben Quacksalber oft genug gierige Herren an hohen Höfen ebenso wie einfache Leute auf bunten Jahrmärkten betrogen. Doch die wahren Alchemisten und Adepten, die Wissenden und die Eingeweihten, haben ihr Geheimnis nie zu Markte getragen.

Die frühen Alchemisten suchten wie die Philosophen den Geheimnissen des Lebens auf die Spur zu kommen. Sie wollten wissen und erforschen, woraus Materie sich zusammensetzt, der Stoff des Lebens. Und welcher Geist darin webt, damit daraus Natur wird, ständige Veränderung und lebendige Gestalt.

Wir müssen uns also zunächst einmal absetzen von dem alten Bild, wonach Zweck und Ziel der Alchemie sei, Gold zu machen. Gläubige Alchemisten waren und sind – denn es gibt sie noch – freilich davon überzeugt, aus unedleren Metallen Silber oder Gold herstellen zu können. Und so abwegig ist diese Vorstellung gar nicht. Die moderne Elementarphysik hat erwiesen, dass dies tatsächlich funktionieren kann – allerdings mit unglaublich aufwändigen Verfahren.

Durch so genannte Linearbeschleuniger, mit denen beispielsweise das Europäische Kernforschungszentrum CERN bei Genf oder die Gesellschaft für Schwerionenforschung in Darmstadt ausgestattet sind, können heute elektrisch geladene Teilchen physikalisch auf unglaubliche Geschwindigkeiten gebracht werden. Unternimmt man das etwa mit den Atomkernen des Zinns (Ordnungszahl 50), wird die abstoßende Kraft anderer Atomkerne wie des Kupfers (Ordnungszahl 29) überwunden und eine Fusion möglich. Das Resultat wäre ein Kern mit 79 Protonen: Gold.

Doch solch technische Überreaktion lag nie in den Ambitionen der Alchemisten. Wohl verhielten sie sich in ihrer experimentellen Arbeit wie Naturwissenschaftler und entwickelten dabei exakte physikalisch-chemische Forschungsmethoden. Aber das konnte bei ihrer kosmischen Betrachtungsweise nie alles sein, sondern lediglich Mittel, die zur Ergänzung und Vollendung einer weiteren Dimension bedurften, nämlich der geistig-seelischen Veränderung des experimentierenden Menschen selbst. Ohne diese parallele innere Wandlung konnte nichts gelingen.

Transmutation

Die Ansätze der Alchemie werden bereits in ihrer griechisch-ägyptischen Phase während der ersten Jahrhunderte unserer Zeitrechnung offensichtlich. Die Vordenker und Weisen dieser Kunst waren meist zugleich herausragende Ärzte und mussten ihr Handwerk kennen und beherrschen: die Grundsätze der Naturphilosophie und Materietheorie ebenso wie den Umgang mit Tiegeln, Kolben und Mörsern, Destillations-, Sublimations- und Extraktionsgeräten.

Mit solchen Gerätschaften versuchten sie, pflanzliche und mineralische Stoffe zu scheiden, zu verändern, zu konzentrieren und in eine neue, eine höhere Form überzuführen. Dabei konnten auch medizinische Absichten maßgebend, heilende Substanzen das Ziel sein, denn es ging ja darum, Wege und Mittel zur Wiederherstellung der natürlichen Harmonie aufzudecken. Doch im Vordergrund stand das Interesse, einfache oder minderwertige Mineralstoffe durch Trennung, Reinigung und Zusammenführung in neuer Konstellation zu edlen Substanzen umzuwandeln, als deren höchste Form man Silber und Gold ansah. Nach der aristotelischen Materietheorie musste das möglich sein, indem man die Stoffe säuberlich in Elemente zerlegte und dann ihre Urqualitäten durch andere austauschte – auf experimentelle Weise.

Kompliziert wird diese Vorstellung einer Transmutation, weil der materielle chemische Prozess untrennbar mit einem immateriellen, einem seelischen Reifungsprozess verbunden sein sollte: Indem der Alchemist unedle Substanzen in edle überführte, läuterte er auch seine Seele. Nur die Gleichzeitigkeit dieser Vorgänge ermöglichte die Transmutation, die Verwandlung elementar zusammengesetzter Materie. Im Arabischen finden wir für diese Kunst den Ausdruck *al-kimiya*, und davon stammt sowohl unser Begriff Alchemie wie der Name der exakten Wissenschaft Chemie. Als Wissenschaft jedoch wurde al-kimiya in der Antike nie bezeichnet, sondern stets als eine Kunst, eine auf die Praxis ausgerichtete Tätigkeit.

Die hermetische Kunst

Hermes, der Listen-reiche, opfert einen als Schwein verkleideten Hund: Griechische Vasenmalerei um 500 v. Chr.

Diese Abgrenzung der Alchemie von den Wissenschaften wird unmittelbar einsichtig, wenn man ihre Wurzeln in alten Kulten und Mythen einbezieht, für die namengebend der Hermes Trismegistos steht.

Diese sagenhafte Kunstfigur tauchte im 6. bis 8. Jahrhundert auf, als Islam und Christentum im Abendland aufeinander stießen. Das bedeutete nicht nur Schlachten und territoriale Streitigkeiten. Es hatte auch eine Begegnung der Kulturen und einen Austausch des Wissens zur Folge, bei dem der Okzident vom Orient Gewinn zog. Die Quellen hellenischer Klassik wurden zurückübertragen, bereichert durch die Erkenntnisse arabischer Gelehrter – und eine Fülle historischer und mystischer Überlieferungen, die vergessen oder unbekannt waren, die man aber begierig aufnahm.

Dazu zählten auch die Mysterienkulte pharaonischer Zeit. Darin spielte der ibisköpfige Gott Thot als Totengeleiter und Hüter der Weisheitsuchenden eine bedeutende Rolle; die Griechen nannten diesen Gott später Hermes, die Römer Merkur. Die Gestalt eines Hermes Trismegistos, durch solche Verknüpfungen zu ätherischem Charakter erhoben, gilt den Eingeweihten als Begründer der »Hermetik« und der Alchemie: Er habe ihnen, ein Moses ihrer Zunft, in den Thesen seiner »Tabula smaragdina« (Smaragdtafel) den Dodekalog ihrer Kunst vorgegeben.

Dieser absichtsvoll verschlüsselte und verschlossene (= *hermetische*) Text – irgendjemand hat ihn ja geschrieben, vielleicht vor 5000, aber sicher vor 1500 Jahren, und er wird ein Mitglied der Zunft gewesen sein – ist noch heute Gegenstand der Aufschlüsselung (= *Hermeneutik*) und auch Glaubensbekenntnis mancher Alchemisten. Er macht mit seinem testamentarischen Gestus jedenfalls verständlich, weshalb die Kunst der Alchemisten immer auch als Geheimwissen mit obskurem Beigeschmack galt. Sie selbst haben dazu beigetragen, indem sie dem Gebot des mystischen Gottes des Schweigens Horus (griechisch: Harpokrates) folgten: »Wisse, wolle, wage und schweige.« Doch andererseits: Auch ordentliche und approbierte Ärzte haben ein Recht auf Berufsgeheimnisse, die sie in der Ausübung ihres Metiers schützen.

DIE SMARAGDTAFEL DES HERMES TRISMEGISTOS

In Wahrheit, gewiss und ohne Zweifel: Das Untere ist gleich dem Oberen und das Obere gleich dem Unteren, zu wirken die Wunder eines Dinges. So wie alle Dinge aus Einem und durch die Betrachtung eines Einzigen hervorgegangen sind, so werden auch alle Dinge aus diesem Einen durch Abwandlung geboren.

Sein Vater ist die Sonne und seine Mutter ist der Mond.

Der Wind trug es in seinem Bauche und seine Amme ist die Erde.

Es ist der Vater aller Wunderwerke der ganzen Welt.

Seine Kraft ist vollkommen, wenn es in Erde verwandelt wird.

Scheide die Erde vom Feuer und das Feine vom Groben, sanft und mit großer Vorsicht.

Es steigt von der Erde zum Himmel empor und kehrt von dort zur Erde zurück, auf dass es die Kraft der Oberen und der Unteren empfange. So wirst du das Licht der ganzen Welt besitzen und alle Finsternis wird von dir weichen.

Das ist die Kraft aller Kräfte, denn sie siegt über alles Feine und durchdringt das Feste.

Also wurde die kleine Welt nach dem Vorbild der großen Welt erschaffen.

Daher und auf diese Weise werden wunderbare Anwendungen bewirkt.

Und darum werde ich Hermes Trismegistos genannt, denn ich besitze die drei Teile der Weisheit der ganzen Welt.

Vollendet ist, was ich vom Werk der Sonne gesagt habe.

Der Stein der Weisen

Die zweite, die arabische Phase der Alchemie vom 8. bis ins 14. Jahrhundert baute das Fundament der Transmutationslehre weiter aus und entwickelte den Begriff vom »Stein der Weisen« (*lapis philosophorum*). Damit ist eine Substanz gemeint, welche die Fähigkeit besäße, unedle Metalle in Gold oder Silber zu verwandeln – eine Art Katalysator also. Der »Stein« ist nicht wörtlich zu verstehen, sondern eher als ein Pulver, für das die Araber auch das Wort iksir (lat. *Elixir*) oder dawa (lat. *Medicina*) verwendeten. Das weist nun wiederum auf weitere ganzheitliche und wissenschaftliche Zusammenhänge hin und zurück.

Der »Stein der Weisen« war untrennbar auch als Symbol für die Läuterung von Geist und Seele in der Transmutation zu sehen. Zum anderen deuten die synonymen Bezeichnungen Elixier und Medizin darauf hin, dass es sich dabei nicht allein um ein Mittel zur Veredelung unreiner Metalle handeln sollte, sondern darüber hinaus um ein Heilmittel für den Körper.

Ar-Razi (um 865 - 925), zur Zeit des Kalifen Harun ar-Rasid neben dem geheimnisvollen Gabir ibn Hayyan – dessen Wirken und Lehren nur durch Lobpreis und Zitate bekannt sind – einer der großen Alchemisten seiner Epoche, war ein bedeutender persischer Arzt und leitete Krankenhäuser in Raiy und Bagdad. In seinen philosophischen, medizinischen und alchemistischen Werken (»Buch der propädeutischen Einführung« und »Buch der Geheimnisse«) systematisierte er die chemischen Stoffe und teilte sie ein in mineralische, pflanzliche und tierische Substanzen. Die Spur des Aristoteles ist unverkennbar. Zu den Metallen (»Körpern«) zählte man nach Ar-Razi Gold, Silber, Chinesisch-Eisen, Kupfer, Eisen, Blei und Zinn sowie Legierungen; zu den flüchtigen Stoffen (»Geistern«) Schwefel, Arsensulfide, Quecksilber, Salmiak und Campher.

Der Dritte in dieser Reihe war, schon hervorgehoben, Ibn Sina oder Avicenna (980 - 1037), der ebenfalls in Persien zwischen Buchara und Hamadan lebte und als Leibarzt, Jurist und Wesir der Abbasiden-Herrscher wirkte. Sein enzyklopädisches »Buch der Heilung« (von Unwissenheit) stellt sich gegen die alchemistische Transmutationslehre und hebt den chemischen Charakter experimenteller Forschung hervor; sein Hauptwerk »Canon medicinae« besaß noch im lateinischen Mittelalter Autorität und beherrschte die ärztlichen Anschauungen.

Und schließlich ist erneut zu nennen: Ibn Roschd, lateinisch Averroes (1126 - 1198). Eigentlich arbeitete er ruhm- und erfolgreich als Arzt und Richter in Córdoba und Sevilla. Doch mit seiner »heidnischen« Verknüpfung von aristotelischer Metaphysik und neuplatonischer Emanationslehre zog er sich nicht nur Verfolgungen durch die islamische Lehre wie die christliche Kirche zu, sondern wurde auch zum Auslöser einer philosophischen Schule an der Pariser Universität (Averroismus), deren Argumente das 13. Jahrhundert aufrührten.

Der Stein der Weisen als individuelles Streben nach reiner Erkenntnis von Materie und Sein war stets auch ein Stein des Anstoßes für jenseitige Glaubensbekenntnisse und diesseitige Weltordnungen.

Das Elixier der Wahrheit

Hieronimus Brunsschwig, »Das Buch zu Distillieren«, Straßburg 1532: Titelblatt

Eine dritte, lateinische Phase der Alchemie datieren Historiker vom Ende des 12. bis ins 15. Jahrhundert und schreiben ihr eine Tendenz zur Verwissenschaftlichung zu. Wahrscheinlich läßt sich dies dadurch erklären, dass die Alchemisten mit der Verbesserung ihrer experimentellen Methoden aus den natürlichen Stoffen immer weiter zu scheidenden und scheinbar entscheidenden Substanzen wie Weingeist, Salpetersäure oder Schwefelsäure vordrangen, sie zu separieren, analytisch zu bestimmen und in synthetischen Verfahren zu nutzen wussten, die selbstverständliche Voraussetzungen der exakten chemischen Wissenschaft wurden.

Tatsache ist, dass die Alchemisten im späten Mittelalter in den hohen Kreisen Respekt und im Volk großes Ansehen besaßen – gebildet und erfahren in klugem Wissen und manchen geheimen Künsten, Gelehrte, Naturkundige, Ärzte, weltweise Berater. Vielleicht konnten sie ja sogar Gold herstellen und damit jeden, ob hoch oder niedrig, mit einer Dukatenkammer oder einem Gulden reich und glücklich machen?

EINE ALCHEMISTISCHE ARABESKE

Die berauschende Wirkung von vergorenen Getränken wie Bier und Wein kannte man schon lange vor dem Mittelalter – deshalb hat Mohammed ihren Genuss untersagt. Dass diese Wirkung aber auf »Geister«, nämlich die des *al-kuhl* (Weingeist), zurückzuführen war, hat erst Avicenna durch »alchemistische« Verfahren der Destillation und Extraktion entdeckt. Darum konnte der Koran den Genuss destillierter Alkoholika noch gar nicht verbieten, und auch rechtgläubigen Mohammedanern eröffnete sich damit eine erfreuliche Gebotslücke: Wein ist tabu, Wodka darf sein.

Bei solch öffentlichem Ansehen und stillen Hoffnungen konnte es nicht ausbleiben, dass sich viele Alchemisten nannten, die unter dem Deckmantel der Alchemie ihre Geschäfte betreiben oder sich wenigstens ein klägliches Auskommen sichern wollten. Scharlatane und Quacksalber, Zauberkünstler und Marktschreier, die den Ruf des Metiers ruinierten.

Die Folge war, dass die wahren, die strebenden Alchemisten sich noch stärker auf ihre Arbeit zurückzogen und verschlossen und – wenn sie dann doch mit ihren Erkenntnissen und Überlegungen an die Öffentlichkeit traten – von der konventionellen Schulgelehrsamkeit geschnitten, von den Professoren ihrer Sachgebiete wegen ihrer ungewöhnlichen Anschauungen verketzert wurden.

Die Medizin

Theophrastus Bombastus von Hohenheim, ein Zeitgenosse Martin Luthers, ist dafür das Paradebeispiel. Er revolutionierte mit seinem ganzheitlichen Verständnis des menschlichen Organismus und natürlicher Behandlungsweise die überkommene Medizin und das Arzneiwesen seiner Zeit; das hat allerdings noch etwas länger gedauert als eine konfessionelle Reformation. Der Mann aus dem Kanton Schwyz, der unter dem Namen Paracelsus (1493 - 1541) berühmt wurde, stand im Schnittpunkt zweier Zeitalter und hat einiges zu diesem Wechsel beigetragen. Ein Renaissancemensch, der alles begierig in sich aufsog, vieles in Frage stellte, neue Wege ging und seine Erkenntnisse – und Kritik! – ebenso leidenschaftlich von sich gab: als Philosoph und Theologe, Arzt und Naturforscher, Alchemist und Mystiker. Er markiert damit auch eine Bruchstelle wissenschaftlicher Entwicklung.

Zu seiner Zeit bedeutete Alchemie noch das Wissen von den Stoffen der Materie, ihren Eigenschaften und Umwandlungen und die Kunst, diese natürlichen Vorgänge nachzuahmen oder neue Stoffe zu schaffen, die die Natur so nicht erzeugte. Paracelsus setzte die

Epitaph zum Gedenken des großen Arztes Paracelsus

Akzente anders. Er betrachtete die Alchemie keinesfalls als Handwerk zur Erzeugung edler Metalle aus unreiner Materie, sondern als der Naturbeobachtung folgende, wissenschaftlich geprägte Kunst zur Herstellung wirksamer Arzneien. Dazu gehörte freilich auch die Durchdringung und Beachtung geistigen Wirkens in Makro- und Mikrokosmos, die exakter Bestimmung nicht zugänglich sind. Er blieb bei der Auffassung von den vier Elementen und stellte ihr seine Lehre von den drei Prinzipien Merkur, Sulfur und Sal zur Seite.

Die eine Sache ist, dass Paracelsus durch seine auf Erfahrungen und Experimente bauende empirische Methode die Arzneimittelbehandlung auf eine naturwissenschaftliche Basis gestellt und – à la longue – von alchemistischen Quacksalbereien befreit hat. Im medizinischen Bereich ist das außerdem Grundlage der Naturheilkunde geworden und hat im Besonderen zum Spezialgebiet der Spagyrik geführt, einer auf die alchemistischen Einsichten und Verfahren gestützten Heilkunst und Medikation.

> **Der ist kein Arzt,**
> **der das Unsichtbare nicht weiß,**
> **das keinen Namen hat,**
> **das keine Materie**
> **und doch seine Wirkung hat.**
> *Paracelsus*

Die Chemie

Zum anderen hat diese Abtrennung pragmatischer ärztlicher und gesundheitlicher Interessen und Disziplinen aus der alchemistischen Zuständigkeit im Zeitalter der Aufklärung deren Verwissenschaftlichung vorangetrieben. Aus der Alchemie entwickelte sich die Chemie.

Der britische (irische!) Naturwissenschaftler Robert Boyle (1627 - 1691) warf den Jahrtausende alten alchemistischen Lehrsatz über den Haufen, dass die Grundstoffe der Materie nicht ineinander überführt werden könnten, weil er nachwies, dass ihre vier Elemente Feuer/Wasser/Erde/Luft gar nicht die elementaren Bestandteile der Materie sind. Der französische (nun schon!) Chemiker Antoine-Laurent Lavoisier (1743 - 1794) erledigte das ganze Lehrgebäude mit der Entdeckung des Sauerstoffs. Dann waren auch die Metalloxide, mit denen die Alchemisten immer als Grundstoffen experimentiert hatten, nur mehr Resultate der Calcination (Verglühung), veränderlich und nicht die Bausteine der Materie. Aus den vier Elementen der Alchemisten sind mehr als 120 elementare Bausteine der Natur geworden.

Chemie und Physik, Molekular- und Atomforschung werden ihnen noch weitere Elemente und Erkenntnisse hinzufügen, schier täglich. Von der Alchemie geblieben ist uns – fast – nur ein obskurer Begriff von Zauberhöhlen und Goldmacherei. Nicht aber, was sie für Menschen geleistet und bedeutet hat. Nicht, was wir ihr noch heute verdanken, was wir würdigen und hervorheben müssen: nämlich die Idee einer ganzheitlichen Vorstellung des Lebens, in der alle natürlichen Kräfte zusammenwirken, und dass wir solche Erkenntnisse brauchen und Kenntnisse nutzen können – für unsere körperliche Gesundheit, für inneres Wohlgefühl und kosmische Harmonie.

Alchemistische Gerätschaften und Bildnisse zierten einen Apothekenschrein im 18. Jahrhundert.

Der innere Alchemist

Gleiches mit Gleichem – das ist ein Leitprinzip der Alchemie. Was im Makrokosmos des Universums geschieht, muss sich auch im Mikrokosmos Mensch wieder finden. Die modernen Wissenschaften von der Atomphysik bis zur Ernährungsphysiologie sind dabei, diesen Gedanken gar nicht mehr für so absurd zu halten. Unser Körper freilich verhält sich in einer so klugen Weise, als hätte er schon immer und von Natur aus gewusst, was unser Verstand erst mühsam und mit gewaltigen technischen Hilfsmitteln zu ergründen beginnt.

Unser aller Kosmos

Aus der Prunkhandschrift »Splendor Solis«, Augsburg (16. Jh.): Die aufgehende Sonne als alchemistisches Symbol

Alles Geschehen in unserem unendlichen Universum – soweit wir das bisher übersehen – beruht – soweit wir das bis heute erkennen können – auf demselben Grundprinzip: dem Austausch von Energie zwischen einem System und dem anderen. Ganz so haben das die Alchemisten nicht gesehen und doch auf einer vergleichbaren Annahme aufgebaut.

Der gesamte Kosmos bestand nach ihrer Vorstellung aus der nämlichen Urmaterie, die aus den gleichen Elementen in unterschiedlichen Qualitäten zusammengesetzt und in ihrer jeweiligen Gestalt durch die Umwandlung dieser Eigenschaften nach der Methode Trennen – Reinigen – Zusammenführen zu neuer Form veränderbar sei. Die Idee des Austausches zwischen materiellen Substanzen war also vorhanden, und wenn wir genau hinschauen auch die Vermutung eines nicht recht fassbaren Antriebs dieses permanenten Werdens und Vergehens. Bei Leukippos wird dieses bewegende Moment mit Antipoden wie Liebe und Hass bezeichnet, bei Aristoteles eine immanente elementare Kraft Äther eingeführt.

Und da ist noch ein zweiter, kongruenter Grundsatz alchemistischer Weisheit: Der Mikrokosmos ist dem Makrokosmos gleich. Was in der großen Welt, dem All, zu finden ist, das hat seine wesensmäßige Entsprechung auch in der kleinen Welt, dem Menschen. Für beide gelten die gleichen kosmischen Gesetze.

So recht definieren konnte man das allerdings nicht. Aristoteles sagte: »Die Seele ist gewissermaßen das All«, und er wies damit auf eine Triebkraft, eine Energie hin, die materiell nicht zu bestimmen war. Es hat ganze zweieinhalb Jahrtausende, der Umwandlung der Alchemie zu exakter Chemie und Physik und dann noch des spekulativen Ingeniums von Albert Einstein bedurft, um eine Erklärung zu finden:

$E = mc^2$. Energie ist gleich Masse mal Geschwindigkeit zum Quadrat. An dieser – bewiesenen – Formel scheitert auch heute nicht nur das Begriffsvermögen von Laien. Doch sie reicht zurück bis auf die Atomistik Demokrits und gilt für den makrokosmischen Energieaustausch ebenso wie für die mikrokosmischen Vorgänge im menschlichen Stoffwechsel.

Die organische Energie

Ein jedes Lebewesen besitzt seinen eigenen Energiehaushalt. Unser Organismus macht da keine Ausnahme, er hat einen permanenten Energiebedarf. Doch dies sind auch wieder sehr differenzierte Bedürfnisse des Körpers, die durch wiederum unterschiedliche Systeme in Kooperation miteinander befriedigt werden müssen. Sie arbeiten zusammen, um energiehaltige Materie aufzunehmen, sie für die verschiedenen Körpertätigkeiten auszuwerten, die schädlichen Substanzen zu trennen und mit unbrauchbaren Resten auszuscheiden. Der Körper ist auf ständige Energiezufuhr angewiesen, und diese Energie muss zur rechten Zeit in der richtigen Form zur Verfügung stehen. Das bedingt eine gewisse Vorratshaltung über den täglichen Umsatz hinaus; unser Körper muss auch lebensnotwendige Substanzen speichern und für längere Frist aufbewahren, von denen er offenbar besser als wir zu beurteilen weiß, welche Mangelware sind, welche er eher entbehren kann und welche er zu gegebener Zeit ausschütten muss.

So einfach ist das. Und so kompliziert.

Wir brauchen lebensnotwendig Luft zum Atmen, Anlässe, uns zu freuen, Menschen, die uns lieben, eine Umgebung, die uns vertraut ist. *Die Seele ist gewissermaßen das All.* Doch die Nahrung – und das ist gar nicht trivial – stellt wie der Äther unsere wichtigste Energiequelle dar. Denn sie erst liefert uns den Fundus zu sein und unsere Energien mit anderen zu tauschen an guten oder schlechten Tagen.

Und darum ist es so wichtig, die Art der Nahrung richtig auszuwählen, auf ihre Qualität und Zusammenstellung zu achten und sie sorgfältig zu bereiten. Es genügt nicht, Kalorienmengen und Joule-

Aus dem Stundenbuch des Duc de Berry (um 1416): Der anatomische Mensch

Angaben zu messen und den Zeiger der Waage im Badezimmer zu kontrollieren. Damit lässt sich wohl Masse regulieren, aber nicht die Energie, die wir empfangen und vergeben können. Unser Körper hat seine eigenen Maße und reagiert empfindsam – unwillig oder dankbar – auch auf die Art und Form, in der wir ihm Nährstoffe zur Energiegewinnung zukommen lassen.

Um einen wirklich trivialen Vergleich zu wählen: Auch der geschmeidigste Sechszylindermotor wird schrecklich husten und minimalen Antrieb liefern, wenn man ihm gepanschten Treibstoff eingibt. Und passt man da nicht höllisch auf die dem Typ entsprechende Sorte »bleifrei-super-supra-meta« et cetera auf? Warum dann nicht am und für den eigenen Leib?

Paracelsus hat vom Archeus gesprochen, dem Lebensgeist, der im Inneren des Körpers wirke und bei der Nahrungsaufnahme Gutes von Schlechtem trenne, ein innerer Alchemist. Tatsächlich arbeitet unser Organismus wie ein ausgeklügeltes alchemistisches System, allerdings perfekter, als irgendein Alchemist es vermöchte.

Die Nahrung wird im Verdauungstrakt von Magen und Darm in einfache Bestandteile zerlegt, zur weiteren Verarbeitung den reinigenden Organen Leber, Bauchspeicheldrüse und Galle zugeführt und dann zu allen Körperzellen transportiert. In den Zellen werden die Nährstoffe gespeichert und chemische Energien durch Verbrennung (Oxidation) freigesetzt. Den dazu notwendigen Sauerstoff nimmt die Lunge auf und gibt ihn mit dem Blut an die Zellen weiter. So laufen im gesamten Organismus unaufhörlich chemische Prozesse und Reaktionen ab, bei denen Nährstoffe zwischen Zelle und Zelle, Gewebe und Gewebe, System und System ausgetauscht werden. Die große Welt im Kleinen. Doch so klein ist der Mikrokosmos Mensch gar nicht, wie ein Blick auf einzelne Systeme und Zahlen zeigt.

Der Magen-Darm-Kanal

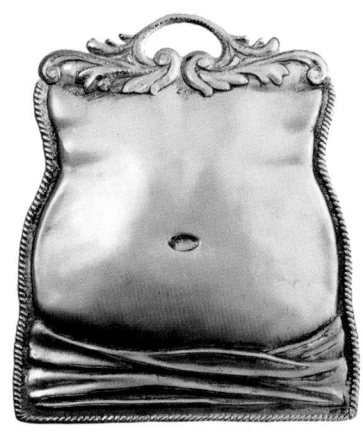

Der Dünndarm zum Beispiel ist ein sechs Meter langer Schlauch. Die ersten 25 bis 30 Zentimeter (das entspricht etwa der Breite von zwölf Fingern) gleich nach dem Magenausgang werden als Zwölffingerdarm bezeichnet. Hier wird der durch Magensäfte zersetzte Speisebrei unter Zufluss von Galle aus der Leber und Fermenten der Bauchspeichel- und Darmdrüsen weiter verdaut. Die folgenden 2,5 Meter heißen Leerdarm, die anschließenden 3,5 Meter Krummdarm. Die Hauptaufgabe dieser Darmabschnitte besteht darin, die Nahrung in einfache Bestandteile zu zerlegen und diese durch die Darmwand dem Organismus – vor allem der Leber – zuzuführen.

Dafür ist die Darmwand hervorragend ausgestattet mit so genannten Zotten (Villi) und Mikrovilli, 3000 bzw. 1,5 Milliarden pro Quadratzentimeter. Diese kaum Millimeter großen Erhebungen und Ausstülpungen in Nanoformat vergrößern die Oberfläche des Dünndarms auf rundum 300 Quadratmeter – eines der Wunder des inneren Alchemisten Natur. Denn diese Darmwand, eine Schutzbarriere, müssen die in winzigste Teile aufgespaltenen Nährstoffe passieren, um durch die Blut- und Lymphgefäße dieser sensiblen inneren Haut aufgenommen und in den Körper transportiert zu werden.

Wenn man bedenkt, dass das Volumen der im Magen-Darm-Trakt umgewälzten Speisen, Getränke und Sekrete täglich neun bis zehn Liter beträgt, von denen lediglich 0,1 Liter durch den Stuhl und zwei bis drei Liter durch den Harn ausgeschieden werden, kann man angesichts dieser Leistung und Technik des inneren Alchemisten nur staunen. Zumal wenn man seine außerordentliche Raffinesse erkennt: Bei dieser Arbeit tritt natürlich auch ein ungeheurer Verschleiß auf. Täglich verliert der Körper die riesige Menge von über 100 Gramm Zellen aus der Darmoberfläche, was einem Verlust von 30 Gramm Eiweiß gleichkäme. Aber eben *käme* – denn der Dünndarm verdaut diese abgestorbenen Zellen genauso wie die aufgenommene Nahrung und gewinnt damit ihre Substanz, ihre Energie zum größten Teil für den Organismus zurück!

Voraussetzung ist freilich, dass dem Verdauungstrakt auch die »Lösungsmittel«, die alchemistischen Substanzen zur Verfügung stehen, die zur Zersetzung der Nahrung, zur Trennung ihrer Grundstoffe notwendig sind. Diese ganz besonderen Säfte bezieht er nicht allein aus den Drüsen der Magenschleimhaut, die Salzsäure zur Aktivierung der Verdauung und Abwehr von Bakterien liefern und Enzyme wie Pepsin und Lab zur Aufbereitung von Eiweiß und Fett und zur Milchgerinnung. Sie werden auch von der Bauchspeicheldrüse und aus der Leber angeliefert.

Leonardo da Vinci, Atlas der anatomischen Studien (um 1512): Verdauungsapparat

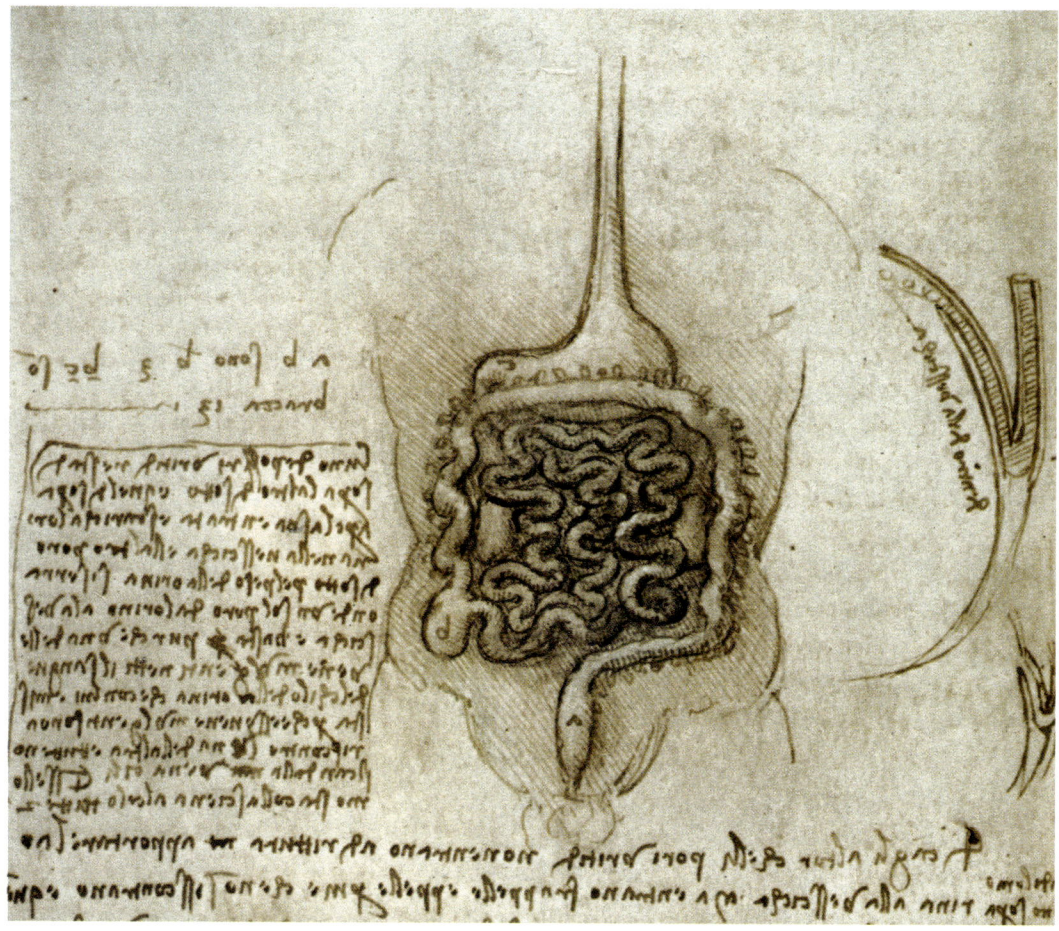

Die Bauchspeicheldrüse

Pankreas lautet das griechische Wort für diese vielseitige Hilfskraft des großen Alchemisten Leber. Sie produziert für den Zwölffingerdarm täglich 1 bis 1,5 Liter Verdauungssäfte mit Enzymen – Trypsin, Diastase, Lipase –, die Eiweiß, Fette und Kohlenhydrate aufspalten. Nicht minder wichtig ist die Leistung der in der Bauchspeicheldrüse verstreuten Langerhans-Inseln. Der Name geht auf den Pathologen Paul Langerhans (1847 - 1888) zurück, der entdeckte, dass in diesen kleinen Zellhaufen das Hormon Insulin (daher dessen Bezeichnung: lateinisch *insula* = Insel) zur Regulierung des Zuckerhaushalts gebildet und in die Blutbahnen ausgeschüttet wird.

Die Pankreassäfte sind alkalischer Natur, sie neutralisieren im Magen noch bestehende Säure und tragen zu besserer Entgiftung und Wasserausscheidung durch die Nieren bei. Das kann man in einer alchemistischen Küche unterstützen, indem man verdauungs- und enzymstimulierende Nahrungsmittel so aufbereitet, dass sie dem inneren Alchemisten Leber zuarbeiten und außerdem der Bauchspeicheldrüse die Arbeit erleichtern. So lässt sich beispielsweise aus Sellerie, Karotten und Kartoffeln eine alkalische Basisbrühe zubereiten, die Verdauungsvorgänge aufs Stärkste unterstützt und nicht nur Bauchspeicheldrüse und Leber sowie die Ausscheidung der Nieren fördert, sondern auch der direkten Verdauung im Darm dient.

Die Galle

Die Galle ist kein Körperorgan, sondern ein Sekret, das die Leber produziert: In 24 Stunden sind es 0,5 bis 1 Liter und mehr bei Tag als bei Nacht. Es wird normalerweise zunächst in der Gallenblase gesammelt – ein Teil geht als gelbe

Lebergalle direkt in den Zwölffingerdarm – und durch Wasserentzug auf ein Zehntel eingedickt. Die wichtigsten Bestandteile sind einmal hilfreiche Gallensäuren, Sterine und Cholsäure, die nach Ausschüttung in den Darm die Fette im Speisebrei emulgieren und resorbieren, also verdünnen, verkleinern und verdaulich machen. Zum Zweiten handelt es sich um Gallenfarbstoffe; das ist ein vornehmer Ausdruck für gelblich-grüne Abbauprodukte des Blutfarbstoffes Hämoglobin und Steroidhormone, auf denen dann die Färbung des Kots beruht. Doch auf diese Weise werden auch körperfremde Substanzen und Medikamente ausgeschieden: Die Galle ist im wahrsten Sinn des Wortes ein Entgiftungsmittel des inneren Alchemisten Leber.

Es ist wirklich mehr als erstaunlich, und wir wollen es hier einmal andersherum betrachten: Die alchemistische Verfahrensweise entspricht tatsächlich den Prinzipien und der Abfolge natürlicher, organischer Vorgänge. Materie wird getrennt, ihre Bestandteile werden gereinigt, um dann in neuer Zusammenstellung dem natürlichen Zweck oder angestrebten Ziel dienlich zu sein – sei es nun ein konzentriertes Heilmittel, das ersehnte Edelmetall oder eben ein außergewöhnlich schmackhaftes und bekömmliches Gericht aus der Küche der Alchemie.

Heute können wir solche Leistungen unseres inneren Alchemisten auch mit wissenschaftlichen Begriffen belegen und beschreiben, mit chemischen und physikalischen Erklärungen. Eiweißkörper (Proteine) werden zu Peptonen zersetzt, zu hochmolekularen und wasserlöslichen Zwischenprodukten, aus denen wiederum die lebenswichtigen und resorbierbaren Aminosäuren abgespalten werden. Zucker und Stärke werden in Monosaccharide zerlegt, in die einfachen Kohlenhydrate, aus denen sie aufgebaut sind. Fette werden durch Gallensäuren emulgiert, in so feine Bestandteile zergliedert, dass sie durch die Darmwand dringen können. Es sind vor allem Enzyme des Darmsaftes, die diese Arbeit der Trennung, Spaltung oder Zerteilung leisten.

In der Beschreibung solcher Umwandlungsprozesse des Stoffwechsels wird deutlich, dass der Qualität der Nahrung und der Art

Rechte Seite:
Persisch, 2. Hälfte des
15. Jahrhunderts: Anato-
mische Zeichnung des
menschlichen Körpers

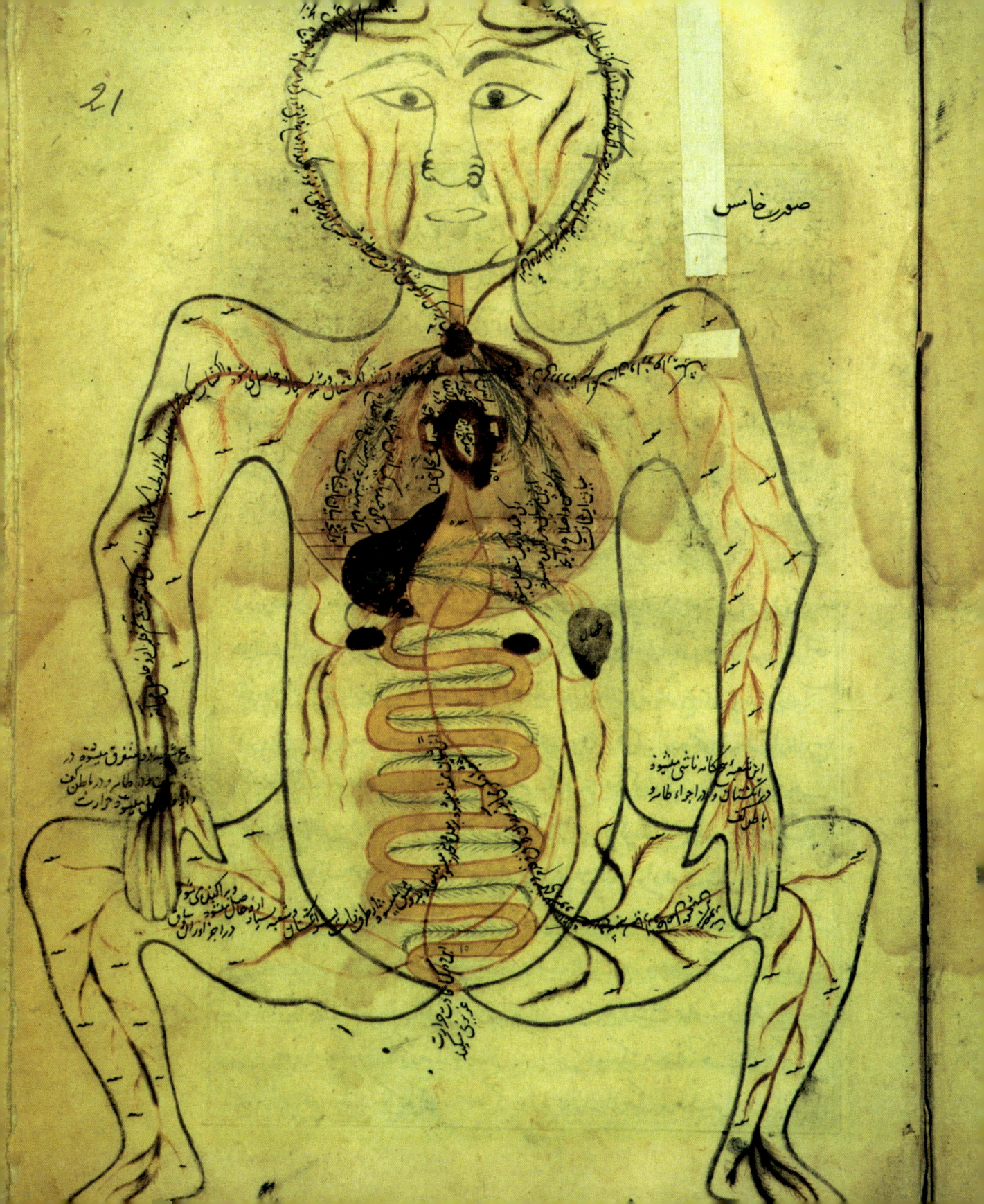

ihrer Aufbereitung eine viel größere Bedeutung zukommt, als man früher angenommen hat. Sie soll nicht nur ausreichend nach Kalorienwert sein, sondern auch möglichst frei von Schlacken und Giften – also unverfälscht und frisch –, damit man dem inneren Alchemisten weniger »unedle« Stoffe zur Verarbeitung liefert. Und man kann ihm durch die Zubereitung der Gerichte einige Vorleistungen anbieten, zum Beispiel durch enzymatische Spaltung der Substanzen, indem Speisen auf die Idealtemperatur von 37 °C des Oberbauches gebracht, aber auch nicht zu heiß genossen werden. Oder durch die Zugabe von Joghurt, saurer Sahne, also Milchsäurebakterien, oder durch gelungene Marinaden, also Emulsionen, die dem Organismus bei der Verdauung weniger Einsatz eigener Energie abverlangen.

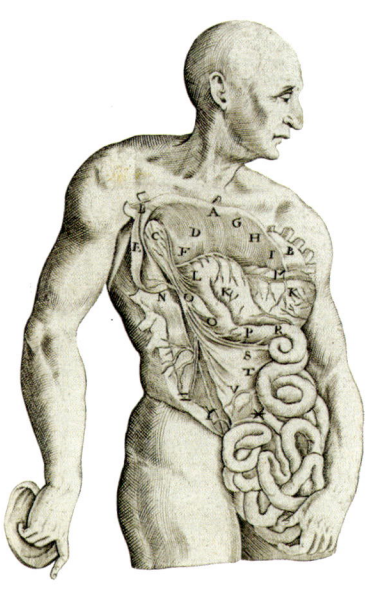

*André Laurent,
»L'Anatomie universelle«,
Paris 1748: Tables des
parties qui servent à la
nutrition*

Die Leber

Die Leber kann man mit Fug und Recht als alchemistisches Kraftwerk bezeichnen. Sie ist die größte Drüse unseres Körpers, 1,5 Kilo schwer. Bislang lassen sich 500 verschiedene Funktionen aufzählen, die in diesem Zentrum ablaufen. Das verlangt Energie und Blutzufuhr.

Damit wird die Leber auf zwei Wegen versorgt: Zu 20 Prozent direkt vom Herzen durch die sauerstoffreiche Leberarterie. Zu 80 Prozent durch die Pfortader, in der ihr venöses Arbeitsblut aus dem Verdauungstrakt, aus Milz, Gallenblase und Bauchspeicheldrüse zufließen. In jeder Minute (!) strömen so beim Erwachsenen durch die Leberzellen 1 bis 1,5 Liter Blut. Dessen Inhalte an ausgelesenen Nährstoffen, verbrauchten roten Blutkörperchen oder Bakterien müssen erkannt und getrennt, aussortiert und abgeschieden, gereinigt und verarbeitet, zum Teil gespeichert, neu zusammengestellt und in richtigen Kombinationen durch die Blutbahnen an die anderen Systeme, an unterschiedliche Gewebe und Billionen von Zellen weitergereicht werden.

50.000 bis 100.000 Leberläppchen sind mit diesen Analyse- und Syntheseverfahren beschäftigt. Wenn da aus proteinreicher Nahrung zu viele Aminosäuren anschwemmen, wandeln sie einen nutzbaren Teil davon in Kohlehydrate um und geben den Rest mit dem Abfallprodukt Harnstoff ab an die Nieren, die ihn mit dem Urin ausscheiden. Wird zu viel Monosaccharid Glukose angeliefert, dann wird ein brauchbarer Teil zum Polysaccharid Glykogen umgesetzt und eingelagert. Fällt der Blutzuckerspiegel, so wird die Reserve wieder als Glukose eingesetzt – das ist von großer Bedeutung nicht nur für Diabetiker, sondern für die menschliche Existenz und Entwicklung überhaupt, denn eine Unterzuckerung der Gehirnzellen führt ziemlich rasch zu dauerhaften Schädigungen. Die dispersierten Fette werden zu besserer Verwertbarkeit mutiert oder an eigens gebildete Eiweißkörper, die Lipoproteine, gekoppelt. Auf diese Weise werden sie leichter zu den Organen transportiert und können dort schlackenlos Brennstoff liefern, Energie.

Abbildung des Verdauungstrakts

SAUERSTOFF verbindet sich mit den meisten Elementen zu Oxiden (Oxidation). Wenn dieser Vorgang unter Abgabe von Wärme und Licht verläuft, spricht man von Verbrennung, doch wird dieser Begriff auch auf die langsam und bei normaler Temperatur verlaufenden Oxidationsvorgänge im tierischen und menschlichen Organismus angewendet.
Das Neue Bertelsmann Taschenlexikon, 1992

OXIDATION: elementare, Energie liefernde stoffliche Umsetzung, bei der einer der Reaktionspartner unter Abgabe von Elektronen (= Oxidation) an den anderen oxidiert bzw. dehydriert (»verbrannt«) wird.

BIOLOGISCHE OXIDATION: alle oxidativen Vorgänge im Intermediärstoffwechsel.
Roche Lexikon Medizin, 1984

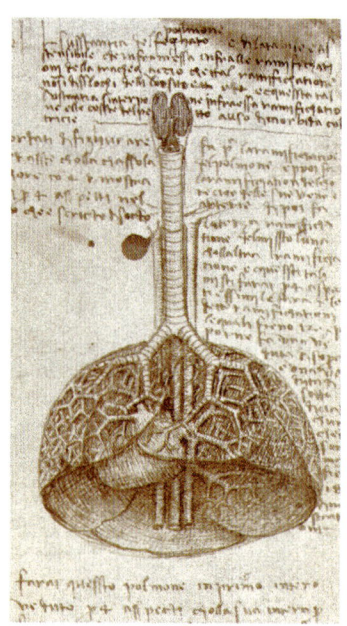

Leonardo da Vinci,
Atlas der anatomischen
Studien (um 1512):
Lunge, Leber, Magen,
Milz, Zwerchfell

Rechte Seite:
Speiseröhre, Magen

Die Leber funktioniert auch als Depot für die Vitamine A, B, D, E und K, von denen sie überschüssige Mengen sammelt und an vitaminarmen Tagen an das Gewebe abgibt. Diese Vitamine kann die Leber in so reichlichen Mengen speichern, dass ein gut ernährter Mensch monatelang ohne Zufuhr von Vitamin A und sogar ein paar Jahre ohne Vitamin B_{12} in der Nahrungsaufnahme leben kann. Auch die anderen B-Vitamine hält die Leber in kleineren, doch beachtlichen Mengen auf Lager.

Aus abgenutzten roten Blutkörperchen gewinnt der innere Alchemist Leber ebenso wie aus Nährstoffen Eisen, das für den Sauerstofftransport wichtig ist. Und Gifte, wie sie in Alkohol und gar nicht so wenigen Medikamenten potenziell enthalten sind, können die Leberzellen unschädlich machen. Darum bezeichnen Ärzte – im Unterschied zu Paracelsus oder Mohammed – nur solche Verbindungen als Gifte, die Körperzellen schädigen, bevor die Leber sich mit ihnen befassen konnte.

Jeder Tropfen Blut, der den Darmkanal umfließt und dort die getrennt übermittelten Nährstoffe – oder Gifte – aufnimmt (*Separatio*), muss die Leber passieren. Sie ist, abgesehen von der Haut, nach ihrer Oberfläche das größte Organ und die zentrale chemische Institution des Körpers. Sie übernimmt die Aufgabe, die Substanzen zu reinigen (*Purificatio*) und zur besten Nutzungsweise zusammenzustellen (*Cohobatio*).

Unser innerer Alchemist ist in all seiner Feinarbeit nichts weniger als eine gewaltige Fabrik. Rund 50 Tonnen Nahrung nimmt der Mensch zwischen Werden und Vergehen, Geburt und Tod auf. Der innere Alchemist entzieht ihr die verwendbaren Substanzen als Nährstoffe und Heizmaterial für den Organismus. Er verbrennt sie mit Hilfe des Sauerstoffes, den er der Atmosphäre entnimmt, und setzt dadurch Energie in Form von Wärme und Arbeit frei – den Stoff des Lebens.

Alchemie der Küche

Der Mensch lebt nicht vom Brot allein.
Doch sich gut und lustvoll zu nähren gehört
zu seinen höchsten Genüssen, und zu allen
Zeiten hat er auf kaum eine andere Tätigkeit
so viel Mühe und Erfindungskraft ver-
wandt. Die Alchemie stand ihm dabei stets
zur Seite – denn es gibt kein höheres Ziel,
als Geist und Materie zu veredeln. Hier
wird das nun praktisch umgesetzt: Rezepte
für eine fantastische Küche nach alchemistischen Verfahrensweisen.

Den Geschmack veredeln

Dass vieles im Ungewissen bleibt, gehört zur Eigenart der Alchemie: »Wisse, wolle, wage und schweige.« Doch ehe wir nun lernend und genießend in die Rezepte und Ratschläge eines großen Küchenmeisters eintauchen, wollen wir noch einen Überblick versuchen, der die abschließend folgenden Produkterläuterungen und Begriffserklärungen in den alchemistischen Zusammenhang stellt und verständlicher macht. Natürlich kann man sich auch keinen Deut um diese Hinweise scheren und wird dennoch nach Eckart Witzigmanns Anleitungen wohlschmeckende und bekömmliche Gerichte auf den Tisch bringen.

Dabei ist nur zu bedenken: Auch dieser Perfektionist kocht nicht jeden Tag auf dieselbe Weise – auch nicht die gleichen Gerichte, die unter dem nämlichen Namen auf der Karte stehen. Es hängt von der Tagesform ab, wie er die Zusammensetzungen modifiziert und die Akzente betont. Von der der Produkte, des Kochs oder was sonst? Alchemie.

Schauen wir uns die Zusammenhänge noch einmal an, wie sie sich in der Medizin des Paracelsus, in der Spagyrik darstellen und in der Küchenpraxis spiegeln.

Drei Prinzipien – ein Verfahren

Die traditionelle Regel heißt »Solve et coagula« (Löse voneinander und führe zusammen) und wird in drei Schritten vollzogen:

- *Separatio = Trennung*
- *Purificatio = Reinigung*
- *Cohobatio = Wiedervereinigung*

So wird – nach Paracelsus – das Falsche vom Gerechten geschieden, und genau das geschieht in der guten Küche. Durch intensive Verfahren der Zubereitung der ganz verschiedenen Lebensmittel sollen sie von überflüssigem Ballast und schädlichen Verunreinigungen getrennt werden, um ihre eigentlichen Wirkkräfte rein zur Geltung zu bringen. Diese Kochkunst geht von einer ganzheitlichen Betrachtung aus, die bei ihrer Verfahrensweise wiederum drei Momente der Verwendung und Verwertung der Nahrungsmittel im Blick hat:

• *ihre Struktur*
• *den biochemischen Auf- und Abbau*
• *die energetische Bilanzierung*

Das klingt einerseits wissenschaftlich abstrakt und andererseits mystisch verschwommen und ist beides. Wissenschaftlich korrekt ist es, weil diese drei Komponenten in der Tat zu den fundamentalen Eigenschaften von Pflanze, Tier und Mensch zählen, ohne die Leben nicht geschieht. Mystisch scheint es, weil da schon wieder eine Dreiheit, eine kabbalistische Zahlenvorstellung auftaucht. Und

der Eindruck ist nicht falsch. Die Alchemie hat damit gearbeitet und hintersinnige Gesetze und Systemverbindungen kosmischer Organisation ausgedacht, die womöglich abstrakter sowie fantastischer waren als irgendein Konstrukt moderner Atomphysik oder was rationale Weltbürger unserer Tage sich vorstellen können. Und zwangsläufig waren es Vereinfachungen, die auf die Magie kleiner Zahlenverhältnisse zurückführten, hinter denen weite Gedankenverbindungen zu kosmischen Symbolen standen.

Struktur, biochemischer Auf- und Abbau und energetische Bilanzierung gelten in der Alchemie als Grundlage allen Lebens. Da naturwissenschaftliche Erkenntnisse damals fehlten, wurden diese drei Begriffe unter den Chiffren *Merkur*, *Sulfur* und *Salz* veranschaulicht. Alles Dinge, die wir im alchemistischen Labor wie in der Küche der Alchemie wieder finden.

• Auf der organischen Ebene wird das *merkurialische Prinzip* als Ethanol durch Gärung und Destillation von Pflanzen dargestellt. In der feinen Küche wird mit diesem Prinzip unentwegt gearbeitet: Ethanol ist nichts anderes als *al-kuhl*, also Weingeist, Ethylalkohol, der auch zur Herstellung von Aromaten gebraucht wird.

• Das *Sulfurprinzip* findet in den ätherischen Ölen seine Entsprechung. Sie sind reichlich in Pflanzen, Kräutern und auch pflanzlichen Ölen enthalten und werden wiederum durch destillative (»trennende«) Kochvorgänge herausgelöst und durch Verdampfen konzentriert und gereinigt, da sie nicht wasserlöslich sind.

• Das *Salzprinzip* ist in der Küchenpraxis durch das Salz des Pflanzenkörpers präsent. Es wird durch extreme Destillationsverfahren – Reduzieren – während des Kochens als Pflanzenrückstand gewonnen und führt logischerweise ebenso zur Verstärkung der Wirkstoffe.

Durch die Vereinigung der drei Prinzipien erhalten wir bei hochwertigen Nahrungsmitteln hochwertige Küchenverfahren, die starke Wirkkräfte und Gesundungsprozesse aus der Nahrung freisetzen können. Das Bestreben dieser alchemistisch orientierten Kochkunst ist, die untrennbare Vernetzung von Gewebestruktur (Struktur der Nahrungsmittel), Metabolismus (Biologischer Auf- und Abbau =

SPAGYRISCHE HEILMITTEL

In der neueren Heilkunde gibt es verschiedene Verfahren, die sich mehr oder minder direkt von der Alchemie und der ganzheitlichen Heilmittelbehandlung des Paracelsus ableiten. Ihre Methoden finden sich auch in der Küchenpraxis.

Die ISOSPAGYRIK verwendet ausschließlich pflanzliche Komplexe, zubereitet unter Zusatz von Hefe, Zucker sowie Wasser. Dies ist ein Grundprinzip guter Küche. Die gewonnene Flüssigkeit wird unter Zusatz eines Teils Alkohol (Wein, Cognac, etc.) destilliert, der Pflanzenrückstand getrocknet, verascht und dem Destillat zugegeben. Dieser Vorgang ist bei der Verwendung von Trockenfrüchten, getrockneten Kräutern, eingelegten Tomaten usw. in der Küche zu finden.

Bei der KRAUSSPAGYRIK werden die Pflanzen wässrig extrahiert und unter Zugabe von Hefe und Zucker alkoholisch extrahiert. Dann werden die gewonnenen Substrate verdünnt, was in der Küche dem Aufgießen entspricht.

Die SPAGYRIK NACH VON BERNUS als älteste Rezepturensammlung: Pflanzen werden ohne Zusatz von Hefe und Zucker extrahiert, jedoch ausgekocht (Destillation). Diese Destillate werden mit neuen Pflanzen zusammengebracht und erneut mit den Rückständen destilliert (eingekochte Bratensoßen etc.). Das umfangreiche Konzept der Spagyrik nach von Bernus erlaubt dann noch, diesen Vorgängen metallische Wirkprinzipien beizufügen: Es ist bestätigt, dass gewisse Metallfunktionen mit der organspezifischen Regulation verknüpft sind. Daher benutzt die Alchemie Metalle – Zink, Eisen etc. aus Pflanzen oder tierischem Material –, um diese Vorgänge in der Wirkung zu optimieren. Mit Hilfe des ganzheitlichen Wirkungsspektrums der Pflanzenstoffe kann die Reparation und Regeneration gestörter Zellfunktionen auf der biochemischen und morphologischen Ebene einsetzen, und somit wird diese Aufbereitungsform als Nahrungsmittel heilsam.

Stoffwechsel) und Energiehaushalt (Energetische Bilanzierung) höchst effektiv einzusetzen. Alchemistisch gesagt: der Dreiheit von Körper – Seele – Geist, den Prinzipien Salz – Sulfur – Merkur gerecht zu werden.

Dabei sollen die eigentlichen Wirkkräfte in ihrer Vollständigkeit erhalten bleiben, indem man sie durch bestimmte Vorgänge der Destillation, Sublimation und Calcination reinigt und diese Reinigung durch Praktiken wie Einkochen, Verdünnen, Flambieren oder Ablöschen noch weiter klärt und ein Abscheiden der wirkstoffentbundenen Schlacken ermöglicht.

Das Gold der Küche

Die Vollendung, die Goldmacherei in der Küche besteht schließlich darin, nach alchemistischen Prinzipien die Wahl der Produkte und die Methoden ihrer Zubereitung in der Kochkunst so zu verfeinern, dass mit den Gerichten ein höchstes Maß an Geschmack und kulinarischem Genuss erreicht wird, die ihnen innewohnenden Kräfte aber so gesteigert sind, dass sie im wahrsten Sinn des Wortes von der materiellen Struktur getrennt, chemisch kaum mehr fassbar sind und nur noch an ihren Wirkungen im biologischen Bereich erkannt, an der Harmonie von Körper, Geist und Seele nachgewiesen werden können.

Gottlob gehört die Annäherung an solche Vollendung nicht in den Bereich der Wunder. Nach einem alchemistischen Mahl fühlt sich der Mensch außergewöhnlich wohl und verspürt das innere Urgefühl von Gesundheit. Auch aus diesem Grund habe ich Eckart Witzigmann gebeten, diese Rezepte zu entwickeln.

Rezepte

Zum Aperitif

Normalerweise bieten Sie Ihren Gästen einen Drink aus der Flasche an. Meist gut gekühlt – ein Glas Prosecco, einen Whiskey auf Eis oder einen raffinierten Cocktail. Doch es geht auch anders. Eckart Witzigmann hat in seinem alchemistischen Labor ein paar Aperitifs komponiert, die den Genießer überraschen und den inneren Alchemisten erfreuen. Sie sind unglaublich gesund und sie erfüllen, was man sich zum Auftakt eines schönen Abends erhofft: mentale Anregung und Einstimmung der Sinne.

Eisgekühlter Minztee mit Sichuanpfeffer

Zutaten für 6 Personen
3/4 l Wasser
1 TL getrocknete
Minzeblätter
1 TL Sichuanpfeffer
(im Asialaden erhältlich)
20 g Zucker
je 1/2 unbehandelte
Orange und Zitrone,
in dünne Scheiben
geschnitten
1/2 Bund frische Minze

Zubereitung

• Das Wasser zum Kochen bringen, die Minzeblätter damit überbrühen und 4 Minuten ziehen lassen. Anschließend durch ein feines Sieb passieren.
• Sichuanpfeffer in einer Pfanne ohne Fett rösten, bis die Aromen frei werden. In einem Mörser grob zermahlen.
• Den Zucker mit 2 EL Wasser zu einem hellen Karamell kochen, Orangen- und Zitronenscheiben zugeben, kurz glasieren und mit dem Minztee ablöschen. Einmal aufkochen lassen, Pfeffer zufügen und in ein verschließbares sauberes Einmachglas füllen. 3 Zweige Minze waschen, zum Tee geben, auskühlen lassen und das Glas verschließen. Über Nacht kühl stellen.
• Die restlichen Minzeblätter abzupfen, portionsweise in eisgekühlte Gläser verteilen und mit abgegossenem Minztee aufgießen.

Tipp: Gerade an heißen Sommertagen schmeckt der rassige Minztee besonders erfrischend.

ALCHEMISTISCH BETRACHTET
Bei Hitze ist der Körper für Unterstützung des Stoffwechsels besonders dankbar. Hier wird aus der Minze zuvor mittels Extraktion ein Sud gebraut, der den Magen stabilisiert, die Verdauung fördert und den Gallefluss anregt. Der innere Alchemist erreicht durch diese Vorbereitung höchste chemische Aktivität, um Gutes von Schlechtem zu trennen. Sichuanpfeffer stimuliert die Verdauung und steigert die Säfteproduktion. Durch die alchemistischen Vorgänge der Fixatio und Sublimatio werden die Substanzen verfestigt und der Geschmack verfeinert.

Zutaten für 4 Personen
2 mittelgroße Zwiebeln
1 TL Zucker
1 Zweig frischer Thymian
1 Lorbeerblatt
2 EL Weißweinessig
200 ml Weißwein
3 Pimentkörner
2 Nelken
5 weiße Pfefferkörner
700 ml Wasser
40 g kleine Egerlinge
10 g Butter
1 EL frisch gehackte glatte Petersilie
etwas getrockneter Majoran
Salz
weißer Pfeffer aus der Mühle

Zwiebeltee mit gebratenen Egerlingen

Zubereitung

• Die Zwiebeln schälen, halbieren und in dünne Streifen schneiden.

• Zucker mit einem Spritzer Wasser zu einem hellen Karamell kochen, Zwiebelstreifen, Thymian und Lorbeerblatt zugeben und mit Weißweinessig ablöschen. Die Flüssigkeit vollständig einkochen lassen, dann den Weißwein zufügen.

• Die Gewürze in einer Pfanne ohne Fett so lange rösten, bis die Aromen frei werden. In einem Mörser fein zerreiben und zu den Zwiebeln geben. Wasser angießen und 45 Minuten bei geringer Temperatur köcheln lassen.

• Die Egerlinge waschen, putzen und trockenreiben. Je nach Größe halbieren oder vierteln. Butter erhitzen, die Egerlinge darin goldbraun anbraten, Petersilie und Majoran zufügen und mit Salz und Pfeffer würzen.

• Den Zwiebeltee leicht salzen, in vorgewärmte Tassen gießen und mit den gebratenen Egerlingen servieren.

ALCHEMISTISCH BETRACHTET

Hier wird die Zwiebel als besonders geschätzte Frucht nach dem alchemistischen Prinzip der Solutio und Fixatio verarbeitet: Durch die Karamellisierung werden ihre Substanzen eingebunden und der Geschmack verfeinert. Die Wirkstoffe der Zwiebel sind nicht nur stark durchblutungsfördernd, sondern regen zugleich die körpereigene Abwehr so kräftig an, dass eine optimale Beseitigung von Bakterien einsetzt. Man geht heute davon aus, dass die Zwiebel in ihrer Gesamtwirkung noch wertvoller ist als der Knoblauch.

Spargeltee mit Orangenlikör und frischem Schnittlauch

Zutaten für 4 Personen
250 g weißer Spargel
1/2 TL Zucker
1/2 l Wasser
1 kleines Stück unbe-handelte Orangenschale
1 EL Orangenlikör
(z. B. Cointreau)
Salz
weißer Pfeffer aus der Mühle
1/2 Bund frischer Schnittlauch
10 g Butter

Zubereitung

• Den Spargel schälen, holzige Enden abschneiden, Stangen in 1 cm dicke Scheiben schneiden.

• Zucker mit einem Spritzer Wasser zu einem hellen Karamell kochen, die Spargelscheiben darin anbraten und mit Wasser ablöschen. Orangenschale zugeben und etwa 12 Minuten leicht köcheln lassen.

• Den abgegossenen Spargelsud mit Orangenlikör aromatisieren und mit Salz und Pfeffer würzen.

• Schnittlauch waschen, trockenschütteln und in feine Röllchen schneiden.

• Den heißen Spargeltee mit Butter und Schnittlauch verfeinern und in vorgewärmten Tassen servieren.

Tipp: Je nach Geschmack kann man den Spargeltee noch mit gekochten Shrimps verfeinern. Sehr zu empfehlen für Gäste mit schwachem Magen.

ALCHEMISTISCH BETRACHTET

Bei diesem Rezept ist beachtenswert, dass das Getränk zu Beginn des Essens warm serviert wird! Denn der innere Alchemist arbeitet optimal bei einer Körpertemperatur von 37 – 37,5 °C: Kühlt man diese innere Wärme ab, dann wird die Verdauung wesentlich verlangsamt. Der Spargel liefert außergewöhnlich viel Vitamin C und entgiftende Asparaginsäure. Pfeffer und Extrakte aus der Orangenschale stabilisieren das Getränk. Und Schnittlauch ist an heißen Tagen besonders wertvoll, weil er desinfizierend wirkt, die Erregerabwehr verstärkt und die Verdauung anregt.

Zutaten für
2 Einweckgläser
à 0,75 l Inhalt

*1 mittelgroße Karotte,
geschält*
1/2 Zwiebel, geschält
*30 g Staudensellerie,
von Fäden befreit*
30 g Lauch, geputzt
*30 g rote Paprikaschote,
entkernt*
*30 g Navetten (weiße
Rübchen), geschält*
1 Tomate
*3 mittelgroße Shiitake-
Pilze*
1 EL Olivenöl
Meersalz
*1 mittelgroße Knob-
lauchzehe, halbiert*
*1 dünne Scheibe frischer
Ingwer, geschält und
halbiert*
*1 Chilischote, entkernt
und klein geschnitten*
*1/2 Stange
Zitronengras, flach
geklopft und in
Scheiben geschnitten*
*2 Zweige frische
Petersilie*
6 Pfefferkörner
2 Lorbeerblätter
*2 Zweige frischer
Thymian*

Gemüse-Ingwer-Tee mit frischem Zitronengras

Zubereitung

• Karotte, Zwiebel, Sellerie, Lauch, Paprika und Navetten in dünne Scheiben schneiden. Die Tomate vom grünen Strunk befreien, vierteln, entkernen und in kleine Würfel schneiden. Shiitake-Pilze je nach Größe halbieren oder vierteln und im Olivenöl anbraten – dadurch intensiviert sich der Geschmack des Gemüsetees.
• Die verschiedenen Gemüsesorten mischen und gleichmäßig auf die beiden Weckgläser verteilen. Einige Körner Meersalz zugeben und die restlichen Gewürze gleichmäßig aufteilen. Die Gläser mit Wasser füllen und verschließen.
• In einem Topf mit Wasser circa 1 1/2 Stunden einwecken, abkühlen lassen und mindestens 1 – 2 Tage im Kühlschrank ziehen lassen.
• Den Tee durch ein feines Sieb passieren und als kalte Suppe servieren.

Tipp: Der Gemüsetee lässt sich auch hervorragend als Grundfond für Soßen oder als Basis für Gemüsegelees verwenden.

ALCHEMISTISCH BETRACHTET

Bei diesem sehr bekömmlichen Rezept wendet der Koch das alchemistische Prinzip der Fermentatio und Sublimatio (Gärung und Verfeinerung) an, ebenso wie Solutio und Fixatio (Lösung und Verfestigung). Als Ingredienzien verarbeitet er auch hier die immunologisch wertvolle Zwiebel, Vitamin-A-reiche Karotten, die speziell die Verdauung fördern, Sellerie, der das Magen- und Drüsensystem aktiviert, das Blut reinigt und desinfiziert, und Rüben, die die Wasserausscheidung steigern. Diese schon universelle Kombination höchst wirksamer Substanzen wird alchemistisch durch würzende Essenzen verstärkt: Knoblauch desinfiziert, regt die Durchblutung und das Immunsystem an. Lorbeer wirkt speziell auf den Magen-Darm-Trakt. Ingwer steigert ebenfalls die Abwehr. Zitronengras rundet die optimale antioxidative Wirkung ab.

Weißer Tomatensud mit Basilikum und Olivenöl

Zubereitung
• Tomaten vom grünen Strunk befreien und grob zerkleinern. Tomaten, Gin, Zitronensaft und Essig mit dem Pürierstab fein mixen und mit Salz, Zucker und Pfeffer würzen.
• Fein geschnittenes Basilikum (einige Blätter aufheben) und Knoblauch zugeben, eine Stunde ziehen lassen und langsam durch ein Tuch sickern lassen (der Vorgang dauert 3 – 4 Stunden). Über Nacht durchziehen lassen.
• Den Tomatensud mit frisch geschnittenem Basilikum, einigen Tropfen Olivenöl und einem Spritzer Prosecco in gekühlten Gläsern servieren.

Tipp: Ein überraschender Gesundheitscocktail für Fein- und Weinschmecker

Zutaten für circa 3/4 l
1 kg vollreife Tomaten
4 cl Gin
Saft von 1/2 Zitrone
4 cl alter Balsamico-Essig
Salz
Zucker
schwarzer Pfeffer aus der Mühle
1/2 Bund frisches Basilikum
1 Knoblauchzehe, geschält und in Scheiben geschnitten
Olivenöl
eisgekühlter Prosecco

ALCHEMISTISCH BETRACHTET
Balsamico-Essig aus Weintrauben bildet bei diesem Aperitif die alchemistische Grundsubstanz, die selbst in alchemistischen Prozessen entsteht: Dabei wird nach Gärung der Maische der Most filtriert, langsam eingekocht, auf Holzfässer aufgezogen und während der Essigsäurebildung in immer kleinere Holzfässer umgefüllt. In diesem balsamisch konzentrierten Weinessig vereinen sich die wertvollen Ingredienzien von Tomaten – Lycopen zur Immunstimulation – und Zitronen – Antioxidanzien, um Schadstoffe zu neutralisieren – mit Allicin aus Knoblauch – zur besseren Durchblutung, jedoch auch zur Bakterien-, Viren- und Pilzabwehr. Aromaten und wertvolle essenzielle Fettsäuren verleihen dieser »Tinktur« die feinste Abrundung. Und der Prosecco schließlich ist aus demselben Stoff gemacht wie der Balsamico.

Vorspeisen und Desserts

Die Vorspeisen, die Sie hier finden, sind das, was meist als Nachspeise serviert wird: süße Gerichte von einiger Fülle und gar nicht so leicht verdaulich. Die Erklärung ist einfach. Die Alchemisten und die Physiologen sagen, man nehme solche Speisen, die den Verdauungsapparat belasten, genau wie Salate besser vor dem Hauptgang zu sich. Und der ist jetzt durch die milden Aperitifs aufgeschlossen.

Zutaten für 4 - 6 Personen

2 Eigelb (Größe M)
60 g Zucker
1 Eiweiß (Größe M)
30 ml Brandy
125 g geschlagene Sahne

Für die Kirschen
400 g Kirschen
50 g Zucker
25 ml Wasser
200 ml Kirschsaft
1 Vanilleschote
je 1 kleines Stück unbehandelte Zitronen- und Orangenschale
10 Pimentkörner, grob zerkleinert
8 schwarze Pfefferkörner, grob zerkleinert
10 g Stärke
25 ml Kirschwasser

Brandy-Parfait mit lauwarmem Kirsch-Ragout

Zubereitung

• Eigelb mit 20 g Zucker mit dem Handrührgerät etwa 10 Minuten weißschaumig aufschlagen. Das Eiweiß zu steifem Schnee schlagen, dabei den restlichen Zucker langsam einrieseln lassen.

• Brandy mit geschlagener Sahne unter die Eigelbmasse rühren, den Eischnee vorsichtig unterheben. Portionsförmchen mit kaltem Wasser ausspülen und die Parfait-Masse einfüllen. Parfait am besten über Nacht einfrieren.

• Die Kirschen waschen, halbieren und entsteinen. Zucker mit Wasser zu einem hellen Karamell kochen, Kirschen zugeben, kurz durchschwenken und mit 150 ml Kirschsaft ablöschen. Aufgeschlitzte Vanilleschote, Zitronen- und Orangenschale, Piment- und Pfefferkörner zufügen und 5 Minuten leise köcheln lassen.

• Die Stärke mit dem restlichen Kirschsaft anrühren, zu den Kirschen geben, 3 Minuten unter ständigem Rühren bei geringer Temperatur köcheln lassen. Zum Schluss mit Kirschwasser verfeinern, Vanilleschote, Orangen- und Zitronenschale entfernen.

• Das lauwarme Kirsch-Ragout mit Brandy-Parfait servieren.

ALCHEMISTISCH BETRACHTET

Bei diesem Rezept wird wieder auf den Erhalt der originalen Zutaten geachtet. Der helle Karamell ist dazu angelegt, den osmotischen Flüssigkeitsaustausch so auszugleichen, dass die Kirschen nicht platzen oder schrumpfen. Zitronen- und Orangenschale sowie Kirschsaft erhalten die Farbe und stabilisieren die Ingredienzien der wertvollen Früchte. Piment und Pfefferkörner regen den inneren Alchemisten zu seiner Hochform an.

Schokoladen-Mousse mit Himbeeren und Kardamom

Zubereitung

• Kuvertüre über dem Wasserbad auflösen. Sahne steif schlagen, dabei nach und nach die Crème fraîche einrühren und kühl stellen.

• Eigelb und Sahnecreme abwechselnd in die handwarme Kuvertüre rühren. Eiweiß mit 50 g Zucker zu steifem Schnee schlagen, mit dem Rum unter die Schokoladencreme heben, mit Klarsichtfolie abdecken und kühl stellen.

• Etwa eine Stunde vor dem Servieren die Himbeeren mit dem restlichen Zucker, Kardamom und Kirschwasser vorsichtig vermengen und ziehen lassen.

• Von der Schokoladen-Mousse mit einem Löffel (vorher in heißes Wasser tauchen) Nocken abstechen und mit den Himbeeren servieren.

Zutaten für 6 - 8 Personen
400 g dunkle Kuvertüre (57 % Kakaoanteil)
200 g Sahne
200 g Crème fraîche
3 Eigelb (Größe M)
3 Eiweiß (Größe M)
110 g Zucker
25 cl Rum
500 g Himbeeren
3 Msp. Kardamom
2 EL Kirschwasser

ALCHEMISTISCH BETRACHTET

Üppige Süßspeisen, so köstlich sie munden, sollte man nicht ans Ende der Mahlzeit setzen. Sie sind – unter allen Gerichten – für den inneren Alchemisten am schwersten zu verarbeiten, noch anstrengender als Salate. Und die verzehrt man inzwischen ja auch aus offenbar praktischer Erfahrung vor dem Hauptgang. Die ayurvedische Alchemie empfiehlt solche stärkereichen Desserts deshalb als Vorspeise. Dann heizt die Zusammensetzung dieses Rezeptes den inneren Alchemisten ordentlich an und bereitet ihn vor auf das große Mahl.

Zutaten für 4 Personen
4 weiße Pfirsiche
Saft von 1 Zitrone
20 g Butter
2 EL Lavendelhonig
50 ml Pfirsichlikör
6 Nelken
1 Zimtstange
Saft von 1/2 Orange
1 Spritzer Campari
Für die Mousse
2 Eigelb (Größe M)
50 g Zucker
Mark von
1 Vanilleschote
2 Blatt Gelatine
Saft und Schale von
1/2 unbehandelten
Zitrone
2 Eiweiß (Größe M)
200 g geschlagene
Sahne

Geschmorter weißer Pfirsich mit Lavendelhonig und Vanille-Mousse

Zubereitung

• Die Pfirsiche kreuzförmig einschneiden und in kochendem Wasser etwa 4 Minuten blanchieren. Kalt abschrecken, enthäuten und mit der Hälfte des Zitronensafts beträufeln.

• Die Butter erhitzen, die Pfirsiche darin kurz anbraten, Lavendelhonig zugeben und mit Pfirsichlikör ablöschen. Die Pfirsiche immer wieder mit Flüssigkeit übergießen. Nelken, Zimtstange, restlichen Zitronen- sowie den Orangensaft zufügen und abgedeckt 5 Minuten schmoren. Zum Schluss mit einem Spritzer Campari verfeinern.

• Für die Mousse Eigelb mit Zucker und Vanillemark verrühren und etwa 10 Minuten mit dem Handrührgerät weißschaumig aufschlagen. Die Gelatine in kaltem Wasser einweichen.

ALCHEMISTISCH BETRACHTET

In diesem Rezept betont der Alchemist durch die Zubereitung die Wirkung des Pfirsichs, die zum einen entwässernd und zum anderen drüsenanregend ist. Die Wirkstoffe werden durch die alchemistischen Verfahren der Fixatio und Projectio mit Lavendelhonig sowie Pfirsichlikör verstärkt und schützen die Früchte bei gleichzeitiger Geschmacksverfeinerung vor dem Austrocknen. Auffallend ist, wie deutlich hier die alchemistische Projectio eingesetzt wird, also die finale »Veredelung der Materie« durch Parfümieren. Geeignet dafür sind aromatische Liköre und Essenzen, in diesem Fall Pfirsichlikör, Campari, Vanille. Auch der Prozess der Solutio begegnet uns wieder: im Ablöschvorgang mit Alkohol. Aromaten, Zitronen- und Orangensaft stabilisieren das Gericht und unterstützen die Verdauung.

• Abgeriebene Zitronenschale in kochendem Wasser kurz überbrühen und in einem feinen Sieb gut abtropfen lassen.

• Eiweiß zu steifem Schnee schlagen. Gelatine gut ausdrücken und im heißen Zitronensaft auflösen. Etwas aufgeschlagene Eigelbmasse zur Gelatine geben, glatt rühren und unter die restliche Eigelbmasse heben. Geschlagene Sahne, Zitronenschale und Eiweiß vorsichtig unterheben, in eine Schüssel füllen, mit Klarsichtfolie abdecken und etwa 3 Stunden kühl stellen.

• Die Pfirsiche vom Stein lösen, in Spalten schneiden, mit Pfirsichfond beträufeln und mit der Vanille-Mousse servieren.

Tipp: Zum geschmorten Pfirsich schmeckt auch Brandy-Parfait (Rezept siehe Seite 82) köstlich oder einfach nur frisches Vanilleeis.

Zutaten für 4 Personen

Für die Grütze
300 g Rhabarber
60 g Zucker
30 ml Wasser
1 Vanilleschote
1/4 Zimtstange
1/4 l Kirschsaft
180 ml Weißwein
1 kleines Stück unbe-
handelte Zitronenschale
30 g Tapioka (im
Reformhaus erhältlich;
ist auch unter dem
Namen Sago bekannt)
300 g Kirschen,
entsteint
4 cl Kirschwasser

Für die Mousse
1 Eigelb
1 Ei
50 g Zucker
Mark von
1 Vanilleschote
2 Blatt Gelatine
Saft und Schale von
1 unbehandelten Zitrone
200 g Sauerrahm
250 g geschlagene
Sahne

Rhabarber-Kirsch-Grütze mit Sauerrahm-Mousse

Zubereitung

• Den Rhabarber waschen, die Enden abschneiden, in etwa 5 cm große Stücke schneiden und in eine feuerfeste Form geben. Den Zucker mit dem Wasser zu einem hellen Karamell kochen und über den Rhabarber geben. Aufgeschlitzte und halbierte Vanilleschote und Zimtstange zufügen, mit Alufolie abdecken. Im vorgeheizten Backofen bei 180 °C 15 – 20 Minuten gar ziehen lassen, aus dem Ofen nehmen und auskühlen lassen.

• Den Kirschsaft mit Weißwein und dem abgegossenen Rhabarberfond erhitzen, Zitronenschale und Tapioka zugeben und bei geringer Temperatur 50 Minuten köcheln. Die Grütze dabei immer wieder umrühren. Nachdem sich die Tapiokakörner vollständig aufgelöst haben (glasige Konsistenz), die Kirschen dazugeben und leicht abkühlen lassen. Die Zitronenschale entfernen, anschließend den Rhabarber unterheben.

• Für die Mousse Eigelb mit Ei, Zucker und Vanillemark mit dem Hand-rührgerät weißschaumig schlagen. Die Gelatine in kaltem Wasser einwei-chen, ausdrücken und im heißen Zitronensaft auflösen und etwas abkühlen lassen. Gelatine mit dem Sauerrahm glatt rühren, mit der abgeriebenen Zitronenschale unter die aufgeschlagene Eimasse heben und kalt stellen, bis sie leicht angezogen hat. Zum Schluss die Sahne unterheben und min-destens 4 Stunden in den Kühlschrank stellen. Vor dem Servieren die Grütze mit Kirschwasser verfeinern.

ALCHEMISTISCH BETRACHTET

Hier wendet der Koch das Prinzip der Osmose an. Kochte man näm-lich das Obst in reinem Wasser, so dränge Wasser in die Zellen, ver-dünnte dort die Zuckerkonzentration, und der Saft würde aufquellen, die Zellwände platzen – das Fruchtfleisch verteilt sich, wird zu Mus. Gart man die Früchte hingegen in einer Zuckerlösung – hier der weiße Karamell –, die ihrem eigenen Zuckergehalt in etwa entspricht, so wandert die Flüssigkeit durch die Zellwände und entzieht den Zellen eher Fruchtflüssigkeit – doch die Struktur der Früchte bleibt erhalten und sichert ihr appetitliches Aussehen.

Zutaten für 4 Personen
*1 reife, aromatische
Melone (ca. 800 g),
z. B. Cavallon
Saft von 1 1/2 Zitronen
Saft und Schale von 1
unbehandelten Orange
100 ml Portwein
1 Vanilleschote
abgeriebene Schale von
1 unbehandelten
Zitrone
25 ml trockener
Weißwein
1 Päckchen
Vanillezucker
1 Ei (Größe M)
2 Eigelb (Größe M)
2 EL Zucker
6 - 8 Amaretti (italieni-
sches Mandelgebäck)*

Melone in Portwein mit Zitronen-Sabayon

Zubereitung

• Die Melone halbieren, entkernen, von grober Schale befreien und in mundgerechte Stücke teilen.

• Saft von 1/2 Zitrone, Orangensaft und Portwein miteinander vermengen und über die Melonenstücke gießen. Die Orangenschale mit einem Sparschäler abschälen und mit der aufgeschlitzten und halbierten Vanilleschote zu den Melonenstücken geben. Mit Klarsichtfolie abdecken und etwa 2 Stunden im Kühlschrank marinieren lassen. Etwa 30 Minuten vor dem Servieren aus dem Kühlschrank nehmen.

• Die abgeriebene Zitronenschale in kochendem Wasser kurz garen (so lösen sich die Bitterstoffe in der Schale), abseihen, unter fließendem kalten Wasser abschrecken und mit restlichem Zitronensaft, Wein, Vanillezucker, Ei, Eigelb und Zucker verrühren.

• Sabayon über dem Wasserbad etwa 5 Minuten weißschaumig aufschlagen, vom Wasserbad nehmen, etwas kalt rühren und zur marinierten Melone servieren.

• Amaretti zwischen den Fingern grob zerreiben und die Sabayon damit bestreuen.

ALCHEMISTISCH BETRACHTET

Hier wird als zentrale Frucht die Melone in einer alkoholischen Essenz mariniert. Im besten alchemistischen Sinn gibt man dem Portwein(geist) zur Aromatisierung und Stabilisierung den Saft von Zitrone und Orange mit den wertvollen Radikalfängern und Antioxidanzien hinzu. Die Zitrusschale wird rasch blanchiert, um Bitterstoffe zu extrahieren. Auch bei dieser Rezeptur sorgt der alchemistische Effekt für die Unterstützung des inneren Alchemisten zur optimalen Verarbeitung eines großen Menüs.

Aprikosen-Mandel-Kuchen mit Honigsahne

Zubereitung

• Die Aprikosen waschen, trockentupfen, halbieren und entsteinen. Eine große Pfanne erhitzen, Aprikosen, Orangen- und Zitronenschale, aufgeschlitzte Vanilleschote und Zucker etwa 5 Minuten bei geringer Temperatur braten. Mit Zimt würzen und mit Likör und Wein ablöschen. Flüssigkeit sämig einköcheln, Butter zugeben und glasieren.

• Springform mit Butter einfetten und mit der halben Menge der Mandeln und Amaretti bestreuen. Vanilleschote, Orangen- und Zitronenschale entfernen, die Aprikosen gleichmäßig in der Form verteilen und mit restlichen Mandeln und Amaretti bestreuen.

• Eier mit 200 g Zucker 10 Minuten weißschaumig aufschlagen und langsam Mehl, zerlassene Butter, Pfirsichlikör und Crème fraîche unterrühren.

• Die Masse auf den Aprikosen verteilen und im vorgeheizten Backofen bei 180 °C 25 Minuten goldbraun backen. Aprikosenkuchen etwas auskühlen lassen und auf eine Kuchenplatte stürzen.

• Den restlichen Zucker mit dem Wasser einkochen lassen, mit Pfirsichlikör parfümieren und die Aprikosen damit beträufeln.

• Sahne mit Honig verrühren und zum lauwarmen Kuchen servieren.

ALCHEMISTISCH BETRACHTET

In der Naturheilkunde werden die vitaminreichen Aprikosen bei Blutarmut, Depression und Mangelkrankheit empfohlen. In diesem Ansatz werden ihre Wirkstoffe mit Antioxidanzien und Radikalfängern aus Orange und Zitrone bei geringer Temperatur vereint: Das stabilisiert die wertvollen Inhaltsstoffe der Aprikose durch antioxidative Effekte und schützt die Aprikose vor »Bratschäden«. Durch das Ablöschen wird alchemistisch Solutio, also die Lösung oder Schmelzung von Grundstoffen eingeleitet, zugleich werden damit Aromaten übertragen. Die Zucker-Eier-Mischung mit Butter, Pfirsichlikör und Crème fraîche verfeinert den Geschmack, hat jedoch als Hauptwirkung die osmotische Stabilisierung der Aprikosen: Sie bewahren Saft und Fülle.

Zutaten für eine runde Springform mit 28 cm Durchmesser
1 kg frische Aprikosen
Schale von je 1/2 unbehandelten Orange und Zitrone
1 Vanilleschote
2 EL Zucker
1 Msp. gemahlener Zimt
50 ml Pfirsichlikör
50 ml trockener Weißwein
30 g kalte Butter, in kleinen Würfeln
Butter zum Einfetten der Form
80 g geschälte Mandeln, grob gemahlen
50 g Amaretti (italienisches Mandelgebäck), grob gemahlen
3 Eier
250 g Zucker
160 g Mehl
60 g zerlassene Butter
25 ml Pfirsichlikör
100 g Crème fraîche
3 EL Wasser
1 EL Pfirsichlikör
200 g geschlagene Sahne
2 EL Honig

*Zutaten für 4 - 6
Personen*

*600 g Zwetschgen
1/2 l Weinessig
280 g Zucker
1 Zimtstange
40 g Butter
Saft und abgeriebene
Schale von 1 unbehan-
delten Orange
1 cl Zwetschgenwasser
schwarzer Pfeffer aus
der Mühle*
Für den Auflauf
*2 Eigelb (Größe M)
70 g Zucker
80 g durchpassierter
frischer Ziegenkäse
3 Eiweiß (Größe M)
etwas Butter und
Zucker für die
Förmchen*

Ragout von Essigzwetschgen mit Ziegenkäseauflauf

Zubereitung

• Zwetschgen waschen, halbieren und entsteinen. In ein sauberes Einmachglas geben und mit Weinessig begießen (die Zwetschgen sollen gerade mit Essig bedeckt sein). Über Nacht marinieren lassen.

• Flüssigkeit abgießen, mit dem Zucker aufkochen, abschäumen und etwas einkochen lassen. Essigfond etwas abkühlen lassen und noch lauwarm über die Zwetschgen gießen. Am nächsten Tag den Fond wieder abgießen, etwa auf die Hälfte einkochen und lauwarm über die Früchte geben. Am dritten Tag den Vorgang nochmals wiederholen und zum Schluss die Zimtstange zufügen. Das Einmachglas verschließen.

• Etwa 10 g Butter in einem Töpfchen aufschäumen lassen, Orangenschale zugeben, kurz durchschwenken und mit Orangensaft ablöschen. 2 EL des Zwetschgen-Essigfonds dazugeben, etwas einkochen lassen und mit der restlichen kalten Butter in Flöckchen abbinden. Die abgegossenen

ALCHEMISTISCH BETRACHTET

In der Essigmarinade werden die Zwetschgen den Verfahren der Fermentatio und Sublimatio (Gärung und Verfeinerung) unterzogen, durch den aufgekochten Zucker erreicht man wieder den osmotischen Ausgleich: Die Früchte platzen nicht auf und bleiben saftig. Es folgt dann ein raffinierter Destillationsvorgang, der über drei Tage läuft und alchemistisch der Destillatio und Sublimatio entspricht, also der Abscheidung des Flüssigen vom Festen und der Verfeinerung durch Verflüchtigung. Wiederum folgen dann Parfümierungsvorgänge, nämlich eine Projectio als Veredelung mit Antioxidanzien und Radikalfängern aus dem Orangensaft.

Zwetschgen und das Zwetschgenwasser unterrühren, leicht erwärmen und mit schwarzem Pfeffer aus der Mühle würzen.

• Eigelb mit 40 g Zucker über dem Wasserbad warm (weißschaumig) aufschlagen. Eigelbmasse kalt schlagen und den Ziegenfrischkäse nach und nach unterheben. Eiweiß mit restlichem Zucker zu steifem Schnee schlagen und unter die Käsemasse heben.

• In gebutterte und gezuckerte Förmchen füllen und im Wasserbad im Ofen bei 200 °C goldbraun backen. Den Käseauflauf auf Teller stürzen und mit den Essigzwetschgen servieren.

Tipp: Je nach Geschmack kann man den Ziegenkäseauflauf noch mit einem Jahr altem, geraspeltem Ziegenkäse bestreuen. Ein Klacks glatt gerührte Crème fraîche rundet dieses außergewöhnliche Dessert harmonisch ab.

Suppen

Für diese leichten Suppen, die man fast als Aperitifs betrachten möchte, gilt streng genommen das umgekehrte Prinzip konventioneller Vorspeisen: Man sollte sie eigentlich zur Nachspeise verzehren! In Japan oder China tut man das aus guten Gründen, und die hängen mit Yin und Yang und Taoismus zusammen, also mit alchemistischen Lehren. Diese essenziellen Flüssigkeiten sind reine Elixiere und fördern die Verdauung fester Stoffe.

Zutaten für 4 Personen
100 g geschälte
Mandeln
25 g Zwiebelwürfel
2 kleine Knoblauch-
zehen, fein gehackt
20 g Butter
25 g Staudensellerie,
von Fäden befreit
1/2 l Geflügelfond
2 Zweige frische
Petersilie
15 g Apfelschnitze,
entkernt
20 g getrocknete
Datteln
15 g getrocknete
Pflaumen
15 g getrocknete
Aprikosen
20 g Walnüsse
Saft und abgeriebene
Schale von 1/2 unbe-
handelten Zitrone
Saft und abgeriebene
Schale von 1 unbehan-
delten Orange
8 - 12 Wan-Tan-
Teigblätter (im
Asialaden erhältlich)
1 Eiweiß
100 g Sahne
Salz
Zucker
Cayennepfeffer

Mandelsuppe mit Dörrobst-Wan-Tan

Zubereitung

• Die Mandeln in einer Pfanne ohne Fett goldbraun rösten, etwas abkühlen lassen und in der Küchenmaschine fein mahlen.

• Zwiebeln und Knoblauch in heißer Butter glasig dünsten, klein geschnittenen Sellerie und Mandeln zugeben, weitere 5 Minuten bei geringer Temperatur dünsten und mit Geflügelfond ablöschen. Petersilienzweige einlegen, 10 - 15 Minuten leise köcheln lassen, dann die Petersilie entfernen. Mit dem Pürierstab fein mixen und durch ein Sieb passieren.

• Apfelschnitze, Datteln, Pflaumen, Aprikosen und Walnüsse in kleine Würfel schneiden, miteinander vermengen und mit einem Spritzer Zitronensaft sowie der Zitronen- und der Hälfte der Orangenschale abschmecken.

• Wan-Tan-Blätter ausbreiten, evtl. etwas zuschneiden, Ränder mit Eiweiß bestreichen und die Dörrobstmasse gleichmäßig darauf verteilen. Diagonal gegenüberliegende Enden fest zusammendrücken und zu kleinen Säckchen formen.

• Kochendes Salzwasser mit Orangensaft und restlicher Orangenschale würzen und die Wan-Tan-Päckchen einlegen. Einmal aufkochen lassen, vom Herd nehmen und abgedeckt weitere 2 - 3 Minuten ziehen lassen. Mit einer Schaumkelle vorsichtig herausheben und auf Küchenkrepp kurz abtropfen lassen.

• Die Mandelsuppe mit Sahne verfeinern, mit Salz, Zucker und einem Hauch Cayennepfeffer würzen und mit dem Pürierstab schaumig aufschlagen.

• Die Suppe in tiefen Tellern anrichten und mit den Wan Tans servieren.

Tipp: Wan-Tan-Blätter lassen sich wunderbar wieder einfrieren. Man kann die Teigblätter auch würzig zubereiten, beispielsweise mit Ricotta und Spinat oder einer cremigen Pilzfüllung, und beliebig formen (etwa Ravioli, Triangoli oder Tortellini).

ALCHEMISTISCH BETRACHTET

Solutio ist die Wurzel der Alchemie. Der Zentralsatz dieser Wirkungsweise heißt »Solve et coagula« (Löse voneinander und führe zusammen). Bei der Suppenherstellung ist dies von entscheidender Bedeutung, weil aus den beigefügten Ingredienzien die Wirksubstanzen durch unterschiedliche Kochvorgänge extrahiert werden. Zurück bleibt ein Nahrungsmittel, das gegen Hunger und Durst zugleich hilft. Die Besonderheit der Suppenzubereitung besteht bei diesen Rezepten darin, dass als Basis nicht Wasser, sondern Fonds verwendet werden, also bereits konzentrierte Essenzen, Lösungen aus dem Fleisch von Rind, Geflügel, Fisch oder Gemüsen (Sublimatio). Ebenso finden Weine als Flüssigkeit Anwendung (Destillatio).

Die Extrakte, die aus den zugesetzten Ingredienzien gewonnen werden, gruppieren sich um anregende Mittel für den Magen-Darm-Bereich und das Drüsensystem, sind medizinisch Radikalfänger und immunologisch wirksame Substanzen. In den folgenden Rezepten begegnen wir vor allem: Zwiebel – antibakteriell; Knoblauch – durchblutungsfördernd und antibakteriell; Staudensellerie – anregend für Magen- und Drüsensystem; Petersilie – zur Blutreinigung; Apfel – zur Erregerabwehr, den Magen stabilisierend, die Atemwege befreiend; Pflaumen – darmanregend, gegen Gicht, Rheuma; Aprikosen – bei Blutarmut, Depression, Mangelkrankheiten; Walnüsse – nervenberuhigend; Zitrusfrüchte – Radikalfänger, Antioxidanzien.

Zutaten für 4 Personen

*Karkasse von 1 frischen
Forelle*
400 ml Wasser
150 ml Weißwein
1 Champignon
*1 Stange Staudensellerie,
von Fäden befreit*
*weißer Teil von
1 Frühlingszwiebel
(durch das Grün wird
der Fond zu dunkel)*
*2 Zweige frische
Petersilie*
*1 Zweig frischer
Thymian*
1 Lorbeerblatt
200 g Sahne
3 Eigelb
20 g kalte Butter
Salz
Cayennepfeffer
1 Spritzer Zitronensaft
*160 g Räucherfisch als
Einlage, z. B. Forelle,
Lachsforelle oder
Saibling*
*1 EL frisch gehackter
Kerbel*

Legierte Forellensuppe mit frischem Kerbel

Zubereitung

• Gesäuberte Karkasse (am besten schon vom Fischhändler Kiemen und Augen entfernen lassen) eine Stunde in kaltem Wasser wässern, dabei immer wieder das Wasser erneuern.

• Karkasse mit 400 ml kaltem Wasser und dem Weißwein langsam erhitzen. Champignon, Sellerie und Frühlingszwiebel waschen und in kleine Stücke teilen. Mit den Kräutern zur Brühe geben und bei geringer Temperatur zum Kochen bringen (der Fond sollte nicht sprudelnd kochen, da das Eiweiß des Fisches sonst gerinnt und die Brühe dadurch trüb wird). Fond etwa 10 Minuten leise köcheln lassen, vom Herd nehmen und weitere 30 Minuten ziehen lassen. Durch ein feines Sieb passieren und auf 400 ml einkochen lassen.

• Sahne mit Eigelb verrühren, Fischfond langsam einrühren, in einen Topf umfüllen und bei geringer Temperatur zu einer leicht dickflüssigen Creme rühren. Klein geschnittene Butter einrühren und mit Salz, Cayennepfeffer und einem Spritzer Zitronensaft würzen.

• Den Räucherfisch in mundgerechte Stücke schneiden und auf vorgewärmte Teller verteilen. Die Forellensuppe mit frischem Kerbel verfeinern und portionsweise in die vorbereiteten Teller geben.

Tipp: Am besten kaufen Sie eine fangfrische Forelle beim Fischhändler, genießen die fein gebratenen Filets, kochen den Fond, frieren ihn ein und zaubern dann je nach Bedarf eine köstliche Suppe.

ALCHEMISTISCH BETRACHTET

Kerbel wirkt entzündungshemmend und blutreinigend. Die Besonderheit dieses Gerichtes liegt in der alchemistischen Aufbereitung des Fischfonds. Das Verfahren Solutio muss so behutsam stattfinden, dass nicht zu viel Gelatine aus den Fischkarkassen ausgekocht wird, weil die Suppe sonst eintrübt.

Zitronensuppe mit gebackenen Garnelen-Frühlingsrollen

Zubereitung

• Zitronengras flach klopfen und in dünne Ringe schneiden. Die Zitronenblätter grob zupfen und mit dem Zitronengras in einen Topf geben. Mit Geflügelfond aufgießen, Lorbeerblatt und Chilischote zugeben, aufkochen lassen und 10 Minuten bei geringer Temperatur köcheln lassen. Vom Herd nehmen und 2 Stunden ziehen lassen. Durch ein feines Sieb passieren.

• Garnelenfleisch und die geputzten und von grobem Grün befreiten Frühlingszwiebeln in kleine Würfel schneiden und mit gehackter Chilischote, Zitronensaft, Mayonnaise und Koriander vermengen. Mit Salz und Pfeffer würzen.

• Wan-Tan-Blätter ausbreiten, die Ränder mit Eiweiß bestreichen, die Garnelenmasse im unteren Drittel der Teigblätter verteilen, die Ränder einschlagen und aufrollen. In heißem Öl goldbraun frittieren und auf Küchenkrepp abfetten lassen.

• Zitronenfond mit Buttermilch erhitzen, mit Zitronensaft, Zucker, Salz und Pfeffer würzen. Mit dem Pürierstab schaumig aufschlagen, in vorgewärmten Suppentassen servieren und die gebackenen Frühlingsrollen separat dazu reichen.

Zutaten für 4 Personen
1 Stange Zitronengras
3 frische Zitronenblätter
150 ml Geflügelfond
1 Lorbeerblatt
1/2 Chilischote, entkernt
1/2 l Buttermilch
Saft von 1 Zitrone
1 TL Zucker
Salz
weißer Pfeffer aus der Mühle
Für die Frühlingsrollen
200 g Garnelenfleisch
2 Frühlingszwiebeln
2 Msp. fein gehackte Chilischote
1 Spritzer Zitronensaft
2 EL Mayonnaise
1 EL frisch gehackter Koriander
Salz
weißer Pfeffer aus der Mühle
8 Wan-Tan-Teigblätter (im Asialaden erhältlich)
etwas Eiweiß
Öl zum Frittieren

ALCHEMISTISCH BETRACHTET

Der Saft der Zitrone, Zitronenblätter und Zitronengras bewirken eine Konservierung der Nahrungsmittel und neutralisieren schädliche Radikale. Kretas Bauern tranken zur Magenstabilisierung Zitronensaft. Bei dieser Suppe wird der innere Alchemist durch Chili und Lorbeer stark angeregt. Die Buttermilch sorgt mit ihren Milchsäurebakterien und Enzymen für die Abrundung magenfreundlicher Bekömmlichkeit.

Zutaten für 4 Personen

600 g reife Tomaten
100 g Karotten
120 g Staudensellerie
80 g Zwiebeln
1 EL Zucker
50 ml Rotweinessig
2 Knoblauchzehen, in
der Schale angedrückt
1 Zweig frischer
Rosmarin
2 Zweige frischer
Thymian
1 Lorbeerblatt
400 g Schältomaten aus
der Dose
Salz
schwarzer Pfeffer aus
der Mühle
300 g Fenchel
2 EL Olivenöl
6 Safranfäden
50 ml Pastis
100 ml Wasser
200 g Sauerrahm

Tomatensuppe mit geschmortem Fenchel in Pastis

Zubereitung

• Tomaten vom grünen Strunk befreien und vierteln. Karotten schälen, halbieren und klein schneiden. Sellerie von groben Fäden befreien und ebenfalls klein schneiden. Zwiebeln schälen, in kleine Würfel schneiden.

• Zucker mit einigen Spritzern Wasser zu einem hellen Karamell kochen und mit Rotweinessig ablöschen. Flüssigkeit vollständig einkochen lassen. Zwiebeln, Knoblauch, Karotten, Sellerie, Rosmarin, Thymian und das Lorbeerblatt zugeben und kurz mitbraten. Tomatenviertel einlegen und 20 Minuten abgedeckt schmoren lassen.

• Schältomaten mit einer Gabel zerdrücken und zur Tomatensuppe gießen. Weitere 30 Minuten bei geringer Temperatur köcheln lassen. Mit Salz und Pfeffer würzen und durch ein feines Sieb passieren.

• Fenchelgrün abzupfen und beiseite legen. Fenchelknolle halbieren, Strunk entfernen, Knolle vierteln und in dünne Streifen schneiden. Olivenöl erhitzen, Fenchel anbraten, Safran zugeben und mit Pastis ablöschen. Wasser angießen und 7 Minuten bei geringer Temperatur köcheln lassen. Abdecken und weitere 3 Minuten weich schmoren. Fenchelgrün fein hacken und den geschmorten Fenchel damit verfeinern. Mit Salz und Pfeffer abschmecken.

• Sauerrahm in die kochende Tomatensuppe rühren, mit dem Pürierstab schaumig aufschlagen und mit dem Fenchel in tiefen Tellern anrichten.

ALCHEMISTISCH BETRACHTET

Hier ergänzen und steigern sich die Ingredienzien: Tomaten mit ihrem Lycopen wirken sogar gegen Tumorentwicklung; Karotten helfen der Erregerabwehr; Staudensellerie sorgt für die Anregung des Magen-Drüsen-Systems; Rosmarin hilft gegen Erschöpfung und aktiviert den Stoffwechsel; Thymian stabilisiert Magen und Darm und reduziert den Durst; Lorbeer stimuliert die Immunabwehr und hilft bei Bronchitis; Safran wirkt gegen Erschöpfung und Arteriosklerose.

Pikante Hühnersuppe mit Galgant und frischem Koriander

Zutaten für 4 Personen

650 g Hühnerkeulen
3 frische
Zitronenblätter
2 Knoblauchzehen
2 Stangen Zitronengras
30 g Galgantwurzel
(im Asialaden erhältlich)
1 l Wasser
1 Frühlingszwiebel
8 mittelgroße Shiitake-Pilze
2 - 3 EL Fischsoße (im Asialaden erhältlich)
2 dünne Scheiben frischer Ingwer, geschält
Saft von 1 Limette
1/2 Bund frischer Koriander
1 Chilischote, entkernt und fein gehackt
1 Prise brauner Zucker
2 mittelgroße Tassen gekochter Basmatireis

Zubereitung

• Die Hühnerkeulen im Gelenk durchtrennen, mit kaltem Wasser waschen und mit Küchenkrepp trockentupfen.

• Zitronenblätter in grobe Stücke zupfen, Knoblauch schälen und in Scheiben schneiden. Zitronengras flach klopfen und in dünne Scheiben schneiden. Galgantwurzel schälen und ebenfalls in Scheiben schneiden.

• Hühnerkeulen mit kaltem Wasser ansetzen, aufkochen lassen, Zitronenblätter, Knoblauch, Zitronengras und Galgant zugeben und etwa 35 Minuten bei geringer Temperatur köcheln lassen. Auftretenden Schaum abschöpfen.

• Frühlingszwiebel putzen, von grobem Grün befreien und schräg in dünne Scheiben schneiden. Shiitake-Pilze putzen und je nach Größe halbieren oder vierteln.

• Die Hühnerbrühe mit Fischsoße würzen, Frühlingszwiebeln, Ingwer und Shiitake-Pilze zufügen und weitere 5 Minuten köcheln lassen.

• Limettensaft mit fein gehacktem Koriander, Chilischote und braunem Zucker verrühren.

• Den heißen Reis portionsweise in vier Schälchen verteilen, mit Hühnerbrühe begießen und je nach Geschmack mit der pikant sauren Marinade beträufeln.

ALCHEMISTISCH BETRACHTET

Die Extraktion aus Galgant stärkt das Immunsystem und hilft gegen Allergien. Ingwer wirkt bei Erkältungen und Rheuma, während Chili Fieber senkt und die Verdauung stabilisiert. Wie immer befreit der Limettensaft durch seine starke Radikalfängereigenschaft von schädigenden Substanzen.

Currysuppe mit frittierten Blumenkohlröschen

Zubereitung

• Apfel und Birne schälen, entkernen und mit der Banane in kleine Würfel schneiden. Sellerie von groben Fäden befreien und klein schneiden. Zwiebeln und Knoblauch schälen und fein zerkleinern.

• Butter erhitzen, Apfel, Birne, Banane, Sellerie, Zwiebeln und Knoblauch darin anbraten, mit Honig beträufeln, mit Curry bestäuben, kurz glasieren und mit Zitronensaft und Gemüsebrühe ablösen. Lorbeerblatt zufügen und etwa 25 Minuten köcheln lassen.

• In der Zwischenzeit die Blumenkohlröschen in reichlich kochendem Salzwasser (mit Zitronenschale versehen) 5 Minuten garen, abschütten und kalt abschrecken.

• Eigelb mit Mehl, Wein und Öl glatt rühren, steif geschlagenes Eiweiß unterheben und leicht salzen.

• Currysuppe mit Salz und Pfeffer würzen, Lorbeerblatt entfernen und mit dem Pürierstab fein mixen.

• Öl in einem Topf oder in der Fritteuse erhitzen, Blumenkohlröschen im Teig wenden, etwas abtropfen lassen und im heißen Fett goldbraun frittieren. Auf Küchenkrepp abfetten lassen.

• Currysuppe mit Sauerrahm und Sahne verfeinern und mit den frittierten Blumenkohlröschen servieren.

Zutaten für 4 Personen
1/2 säuerlicher Apfel (120 g)
1/2 Birne (120 g)
1 Banane (140 g)
100 g Staudensellerie
100 g weiße Zwiebeln
1 Knoblauchzehe
20 g Butter
1 EL Blütenhonig
1 TL Currypulver
Saft von 1/2 Zitrone
3/4 l Gemüsebrühe
1 Lorbeerblatt
150 g Blumenkohlröschen
1 kleines Stück unbehandelte Zitronenschale
1 Eigelb (Größe M)
80 g Mehl
100 ml Weißwein
2 EL Pflanzenöl
1 Eiweiß (Größe M)
Salz
schwarzer Pfeffer aus der Mühle
Öl zum Frittieren
2 EL Sauerrahm
2 EL leicht angeschlagene Sahne

ALCHEMISTISCH BETRACHTET

In dieser Suppe wirkt die Extraktion von Wirkstoffen und Aromen aus dem Obst dominant (Destillatio). Der Apfel steigert die Erregerabwehr, hilft gegen Magengeschwüre und stabilisiert die Atemwege, während die Birne besonders gegen Arthritis, Gicht, Rheuma und Bluthochdruck wirkt und die Banane das Nervensystem unterstützt, insbesondere aber einen Mineralstoffmangel ausgleicht.

Kalte Gerichte

Im Grunde gibt es bei diesen Köstlichkeiten nur ein Problem: Man kann sie genauso gut ins Zentrum eines Mahls stellen. Oder in einem Buffet komponieren, das verführerischer ist als irgendeine kalte Platte im Vorübergehen. Versuchen Sie es einmal auf diese Weise und stellen Sie auf heißer Platte zwei oder drei der gerade vorgestellten Suppen daneben. So viel Gesundheit kommt selten zusammen.

*Zutaten für 4 - 6
Personen*
Für die Pökellauge
1 1/2 l Wasser
75 g Salz
50 g Zucker
3 Lorbeerblätter
3 Nelken
3 Zweige frischer
Thymian
15 Pfefferkörner
30 Korianderkörner
15 Wacholderbeeren
3 Knoblauchzehen, in
der Schale angedrückt
4 Kaninchenkeulen
Für die Sülze
1 1/4 l Wasser
5 Wacholderbeeren
3 Lorbeerblätter
8 Pfefferkörner
3 Nelken
5 Pimentkörner
80 g Karotten, geschält
und grob zerkleinert
80 g Staudensellerie,
von Fäden befreit und
grob zerkleinert
1 frische Chilischote
3 Knoblauchzehen, in
der Schale angedrückt
2 Zweige frischer
Thymian
5 Zweige frische
Petersilie

Gepökelte Kaninchensülze mit Tomaten-Kapern-Vinaigrette

Zubereitung

• Für die Pökellauge alle Zutaten mit dem Wasser verrühren, die Kaninchenkeulen darin einlegen, mit Klarsichtfolie abdecken und 8 - 10 Tage kühl stellen.

• Kaninchenkeulen aus der Pökellauge nehmen und mit kaltem Wasser abspülen. Die Keulen mit 1 1/4 l kaltem Wasser ansetzen, aufkochen lassen und den auftretenden Schaum abschöpfen. Wacholderbeeren, Lorbeerblätter, Pfefferkörner, Nelken, Pimentkörner, Karotten- und Selleriewürfel, Chilischote, Knoblauch, Thymian- und Petersilienzweige und Zwiebelhälften zugeben und bei niedriger Temperatur etwa 50 Minuten weich garen.

• Die Keulen aus dem Fond nehmen, auskühlen lassen und von Haut und Knochen lösen. Das Fleisch klein zupfen und mit gehackter Petersilie vermengen.

• Gelatine in kaltem Wasser einweichen. 1/4 l der Garflüssigkeit abnehmen und mit Salz, einem Spritzer Essig, Majoran, Cayennepfeffer und Muskat pikant und kräftig würzen. Die ausgedrückte Gelatine im gewürzten heißen Fond auflösen und etwas abkühlen lassen.

• Die Kaninchenteile in eine mit Klarsichtfolie ausgelegte Form schichten. Dabei jede Schicht fest in die Form drücken, mit etwas Sülzenstand begießen, wieder eine Schicht Fleisch darauf geben und so fortfahren, bis die Zutaten gleichmäßig in der Form verteilt sind. Mit Sülzenstand abschließen, mit Folie abdecken und am besten über Nacht kühl stellen.

• Für die Vinaigrette die Tomaten vom grünen Strunk befreien, kreuzförmig einschneiden, in kochendem Wasser überbrühen, kalt abschrecken, enthäuten, vierteln, entkernen und in kleine Würfel schneiden.

• Koriander und Basilikum fein hacken. Olivenöl mit zwei Prisen Zucker und einer Prise Salz kräftig verrühren, Tomaten, Schalotten und Knoblauch zugeben. Mit den gehackten Kräutern, den Kapern und dem Zitronensaft verfeinern.

• Kaninchensülze aus der Form stürzen, portionsweise auf Teller verteilen und mit der Tomaten-Kapern-Vinaigrette beträufeln. Zum Schluss mit grob gemahlenem Pfeffer bestreuen und servieren.

Tipp: Den übrig gebliebenen Fond kann man beispielsweise zum Aufgießen von Linseneintopf verwenden.

ALCHEMISTISCH BETRACHTET

Schon die Pökellauge, die hier nach neuesten alchemistischen Erkenntnissen nur mit Salzlake, ätherischen Ölen und Substanzen angesetzt wird, entfaltet ein wahres Feuerwerk an Aromaten und gesundheitsfördernden Gewürzen. Ein anhaltender alchemistischer Prozess setzt ein, der bestimmt wird durch die Konzentration der Salzlake. Dem Fleisch, besser gesagt seinen Zellen, wird allmählich Wasser entzogen: Es wird trockener, die Verderbnis erregenden Mikroorganismen werden zerstört (Fermentatio). Die Aromaten geben bereits während der Pökelzeit dem Kaninchenfleisch ihre Duftnuancen ab. Ein weiteres alchemistisches Verfahren ist die Herstellung der Sülze. Ein Teil der Gelatine wird aus den Kaninchenkeulen ausgekocht, der andere durch vorgefertigte Gelatine zugeführt (Fixatio); die Gemüsearomaten und Gewürze werden mitgekocht und in der Brühe reduziert (Sublimatio). Gelatine besteht aus ausgetretenem Kollagen, dass sich bei Abkühlung wieder verfestigt, jedoch klar bleibt. Der komplizierte Vorgang des Gelierens lässt sich einfach erklären: Kollagen ist in kaltem Wasser nicht löslich, in kochendem Wasser dagegen löst es sich auf. Die Wassermoleküle schieben sich zwischen die Kollagenmoleküle, spalten sie ab und bringen sie in Lösung. So entsteht ein Gelee, das langsam abkühlt, fester als eines, das man in den Kühlschrank stellt. Auch soll man Gläser, in denen sich das Gelee bildet, nicht bewegen, damit es zu einer optimalen gleichmäßigen Verknüpfung der Kollagenketten kommen kann.

1 geschälte Zwiebel, halbiert
1 1/2 Bund frische glatte Petersilie, gehackt
1 Blatt Gelatine
Salz
1 Spritzer Weißweinessig
getrockneter Majoran
Cayennepfeffer
frisch geriebene Muskatnuss
Für die Vinaigrette
180 g Tomaten
1/2 Bund frischer Koriander
8 große Blätter frisches Basilikum
80 ml Olivenöl
Zucker
Salz
70 g Schalottenwürfel
1 Knoblauchzehe, klein gehackt
2 TL gehackte Kapern
Saft von 1 Zitrone
Pfeffer aus der Mühle

Zutaten für 4 Personen
2 Lachsforellenfilets
(ca. 500 g)
80 g Zucker
40 g Salz
2 Bund frischer Dill
20 Wacholderbeeren
20 schwarze
Pfefferkörner
8 Sternanis
2 Lorbeerblätter
Pflanzenöl

Gebeizte Lachsforelle mit Wacholder und Sternanis

Zubereitung

• Die Lachsforellenfilets mit einer Pinzette von Mittelgräten befreien, fettige Stellen und Bauchlappen entfernen.

• Zucker mit Salz vermengen. Ein Bund Dill waschen und grob zerkleinern. Wacholderbeeren, Pfefferkörner und Sternanis in einem Mörser grob zerdrücken.

• In einer Form die Hälfte der vorbereiteten Zutaten verteilen, Lachsfilets darauf legen und mit restlichem Salzgemisch, Kräutern und Gewürzen belegen. Mit etwas Pflanzenöl beträufeln und mit Klarsichtfolie abdecken.

• Nach 3 Stunden die Lachsfilets mit dem restlichen Dill bestreuen, die Filets mit der Fleischseite nach innen aufeinander legen, mit der Marinade beträufeln und abgedeckt über Nacht im Kühlschrank marinieren.

• Die Lachsforellenfilets aus der Marinade nehmen, von Kräutern und Gewürzen säubern, nochmals mit etwas Pflanzenöl beträufeln und bis zum Servieren kühl stellen.

• Fisch schräg in dünne Scheiben schneiden und am besten mit frisch gebratenen Kartoffelrösti und Dillcreme servieren.

ALCHEMISTISCH BETRACHTET

Hier erleben wir ein alchemistisches Verfahren, bei dem ein Fisch kalt aufbereitet wird. Entscheidend sind Zucker und Salz in der Marinade, die osmotisch auf die Lachsforelle einwirken. Hinzu kommen Aromaten wie Wacholder, Dill, Pfeffer und gemörserter Sternanis. Diese Fermentatio und Sublimatio durchziehen die Materie Fisch und führen zu ausgeprägter Geschmacksverfeinerung, zur Übertragung der Essenzen und Aromastoffe auf den Fisch. Wacholder hat eine starke Wirkung zur Immunstimulation, hilft aber auch gegen Virusinfektionen. Anis unterstützt diese Wirkung und stabilisiert zugleich das Drüsensystem, wobei der Fisch selbst mit seinen Omega-3-Fettsäuren Gefäßverkalkung verhindern kann.

Zutaten für 2 Personen
200 g frischer Thunfisch
1 kleines Stück
Schalotte (15 g)
1 kleine Essiggurke
(süß-sauer eingelegt)
1 TL kleine Kapern
2 Sardellenfilets
1 TL eingelegte grüne
Pfefferkörner
Für die Mayonnaise
1 Eigelb
1 TL Dijon-Senf
ca. 1/8 l neutrales
Pflanzenöl
1 Spritzer Zitronensaft
Cayennepfeffer
1 EL frisch gehackte
glatte Petersilie
Für die Vinaigrette
1 kleines Stück
Schalotte (15 g),
geschält
1 Knoblauchzehe,
geschält
1 Stück (1 cm) frischer
Ingwer, geschält
1 TL Sesamöl
3 EL neutrales
Pflanzenöl
1 EL Reiswein
1 TL frisch gehackter
Koriander
1 TL geröstete
Sesamkörner
Sojasoße
1 Spritzer Limettensaft
schwarzer Pfeffer aus
der Mühle
Fleur du sel (grobes
Meersalz)

Thunfisch-Tatar mit exotischer Vinaigrette

Zubereitung

• Thunfisch, geschälte Schalotte, Essiggurke, Kapern, abgewaschene Sardellenfilets und Pfefferkörner sehr fein schneiden und miteinander vermengen.

• Eigelb mit Senf verrühren, Pflanzenöl tröpfchenweise einrühren (am besten mit einem Pürierstab aufmixen), mit Zitronensaft und Cayennepfeffer pikant würzen. Mit Petersilie verfeinern und locker unter das Thunfisch-Tatar heben. Für einige Stunden kühl stellen.

• Schalotte, Knoblauch und Ingwer fein schneiden und mit Sesamöl, Pflanzenöl und Reiswein zu einer homogenen Vinaigrette verrühren. Mit Koriander und Sesam verfeinern und mit Sojasoße und einem Spritzer Limettensaft würzen.

• Das Thunfisch-Tatar locker in der Mitte von gekühlten Tellern anrichten und mit der Vinaigrette beträufeln. Zum Schluss bei Tisch mit frisch gemahlenem Pfeffer und etwas Meersalz bestreuen. Am besten schmeckt frisch getoastetes Landbrot zum Tatar.

Tipp: Fisch-Tatar immer erst am Tisch salzen. Salz entzieht dem Fisch das Wasser. Das Fleisch laugt aus, wird trübe und nicht sehr ansehnlich.

ALCHEMISTISCH BETRACHTET

In diesem Rezept finden wir bei Vinaigrette und Mayonnaise die alchemistisch hochinteressanten Vorgänge der Emulsion. Unterschiedlich lösliche Flüssigkeiten werden vermischt, dabei spielt Senf mit seinen grenzflächenaktiven Bestandteilen die entscheidende Rolle zur Stabilisierung der Emulsion: Diese werden gewissermaßen das Bindeglied zwischen Öl und Wasser. Achten Sie darauf, dass immer 2 Teile Öl auf 1 Teil Wasser gelöst werden. Die Kapern üben eine besonders positive Wirkung auf die Verdauung aus. Die würzigen Sardellenfilets ermöglichen eine natürliche Salzung, da mineralisches Salz dem Fischgewebe über osmotische Vorgänge Wasser entzieht.

Hühnerleberaufstrich mit Zwiebeln und Majoran

Zutaten für 4 Personen
100 g Butter
1/2 weiße Zwiebel
1 Knoblauchzehe
160 g frische Hühnerleber
Salz
schwarzer Pfeffer aus der Mühle
getrockneter Majoran
1 Spritzer Cognac
1/2 Bund frische Petersilie
frisch geriebene Muskatnuss
1/2 Stange frisches Weißbrot

Zubereitung

• 80 g Butter mit dem Handrührgerät 10 Minuten weißschaumig aufschlagen.
• Zwiebel und Knoblauch schälen und in kleine Würfel schneiden. Hühnerleber putzen, von Sehnen und Adern befreien und ganz fein hacken.
• 10 g Butter in einer Pfanne erhitzen und die Zwiebel- und Knoblauchwürfel darin glasig dünsten. Die restliche Butter in der Pfanne erhitzen, die gehackte Leber zufügen und krümelig braten. Mit Salz, Pfeffer, etwas Majoran und einem Spritzer Cognac würzen und abkühlen lassen.
• Die Leber mit der schaumigen Butter verrühren, mit fein gehackter Petersilie verfeinern und mit Salz, Pfeffer und Muskat abschmecken. In Alufolie wickeln, aufrollen und kühl stellen.
• Weißbrot im Ofen goldbraun rösten und mit dem Leberaufstrich servieren.

Tipp: Der Leberaufstrich schmeckt auch hervorragend zu gegrillter Hühnerbrust oder gebratenem Rinderfilet. Der Aufstrich lässt sich ohne weiteres einige Tage im Kühlschrank aufbewahren.

ALCHEMISTISCH BETRACHTET

Hier gilt wiederum, das Prinzip »Gleiches mit Gleichem« in der Wirkung zu verstärken. In diesem Fall wirken die Ingredienzien der Hühnerleber selbst. Sie enthält ein Depot wichtiger Vitamine wie Vitamin A, B, D, E und K, besonders wichtig ist dabei Vitamin B_{12}. Außerdem speichert die Hühnerleber wertvolle Spurenelemente: Zink und Eisen. Diese alchemistische »Frischzelltherapie« wird durch Erwärmen und die würzende Umsetzung mit Hilfe von Cognac (Weingeist) verstärkt. Zwiebel und Knoblauch steigern die Abwehrkräfte und geben dem einfachen Gericht den immunologischen Kick.

Zutaten für 4 Personen
Für die Marinade
4 Matjes-Doppelfilets
200 ml Mineralwasser
Saft von 1/2 Zitrone
4 EL Pflanzenöl
1 kleine rote Zwiebel,
geschält und in dünne
Scheiben geschnitten
4 zerdrückte
Pfefferkörner
4 zerdrückte
Wacholderbeeren
4 zerdrückte
Pimentkörner
3 Zweige frischer Dill
Für den Salat
1 mittelgroße rote
Zwiebel, geschält
250 g Kartoffeln
200 g Keniabohnen
5 EL Pflanzenöl
Salz
40 g durchwachsener,
geräucherter
Bauchspeck
1 säuerlicher Apfel
(ca. 200 g)
Zucker
1 EL milder Obstessig
schwarzer Pfeffer aus
der Mühle
2 Zweige frischer Dill

Matjessalat mit Bohnen, Äpfeln, Speck und roten Zwiebeln

Zubereitung
• Matjesfilets säubern, auf eine tiefe Platte legen, mit Mineralwasser begießen und etwa 40 Minuten ziehen lassen.
• Matjes von der Platte nehmen und mit Küchenkrepp trockentupfen. Mit Zitronensaft, Öl, Zwiebelscheiben, Gewürzen und Dill marinieren, mit Klarsichtfolie abdecken und 2 Stunden kühl stellen.
• In der Zwischenzeit für den Salat die Zwiebel in dünne Scheiben schneiden, die Kartoffeln schälen und in kleine Würfel schneiden. Die Enden der Bohnen abknipsen, Bohnen in kochendem Salzwasser etwa 7 Minuten weich kochen, abgießen, in eiskaltem Wasser abschrecken und in einem Sieb abtropfen lassen.
• Kartoffelwürfel in 1 EL heißem Pflanzenöl langsam goldbraun braten, leicht salzen und auf Küchenkrepp abfetten lassen.
• Bauchspeck in kleine Würfel schneiden und in 1 EL heißem Pflanzenöl kross braten.
• Apfel schälen, vierteln, entkernen und in kleine Würfel schneiden. In einer heißen Pfanne ohne Fett kurz dünsten und mit einer Prise Zucker würzen.
• Eine Prise Zucker und eine Prise Salz mit dem restlichen Öl und dem Essig verrühren, mit Pfeffer würzen und mit klein gehacktem Dill verfeinern. Bohnen, Speck und Äpfel zugeben und gut vermengen.
• Matjesfilets aus der Marinade nehmen, auf vier Teller verteilen und mit dem Bohnensalat belegen. Mit Zwiebelscheiben garnieren und mit den kross gebratenen Kartoffelwürfeln bestreuen.

Tipp: Zum deftigen Matjessalat schmeckt am besten ein frisch gezapftes Bier.

ALCHEMISTISCH BETRACHTET

In diesem Rezept begegnet uns ein neuer alchemistischer Vorgang: das Einlegen in Mineralwasser, bei dem Salze gebunden und ausgeschieden werden, so dass der Fisch milder wird. Dies entspricht am ehesten Solutio und Fixatio, also Lösung und Verfestigung. Dann wird der so präparierte Fisch mariniert und dadurch fermentiert und über die Sublimatio in seinem Geschmack wesentlich verfeinert. Zitronensaft hilft wie immer als Antioxidans, die Farbe und auch schädliche Stoffe zu stabilisieren. Die Kräuter dienen der Aromaverstärkung und der alchemistischen wie medizinisch positiven Wirkung.

Vegetarische Gerichte

Man muss nicht bekennender Vegetarier sein, um die gesundheitlichen Vorzüge und den medizinischen Wert pflanzlicher Kost zu schätzen und solche Gerichte zu mögen. Die folgenden Rezepte Eckart Witzigmanns machen das selbst eingefleischten Karnivoren leicht. Es sind Delikatessen, in denen sich die ganze Fülle alchemistisch behandelter Körner und Kerne, Gemüse und Wurzeln, Kräuter und Gewürze in Geschmack und Konsistenz offenbart. Gleich, ob man sie als eigenes Gericht oder als Beilage serviert.

Kartoffel-Lauch-Kuchen mit Karottengemüse

Zutaten für 4 - 6 Personen und eine runde Form mit 5 cm hohem Rand und 32 cm Durchmesser

120 g eiskalte Butter
2 Eigelb (Größe M)
210 g Mehl
3 Eier (Größe M)
Salz
900 g Lauch
20 g Butter
schwarzer Pfeffer aus der Mühle
frisch geriebene Muskatnuss
850 g mittelgroße Kartoffeln, vorwiegend fest kochend
etwa 20 g Mehl für die Arbeitsfläche
etwa 30 g Butter zum Fetten der Form
1/4 l Ziegenmilch (im Reformhaus erhältlich)
200 g Mozzarella, in Scheiben geschnitten
80 g Greyerzer Käse, fein gerieben
400 g Karotten
160 g Frühlingszwiebeln
1 TL Zucker
160 ml Gemüsebrühe (wahlweise Wasser)
1 kleines Stück unbehandelte Orangenschale
einige Blätter frischer Estragon

Zubereitung

• Die eiskalte Butter in kleine Würfel schneiden und mit Eigelb, Mehl, einem Ei und einer Prise Salz rasch zu einem glatten Teig verkneten. In Klarsichtfolie wickeln und 30 Minuten kühl stellen.

• Lauch putzen und von grobem Grün befreien, halbieren und schräg in 1/2 cm dicke Streifen schneiden. Lauchstreifen gründlich waschen. Die Butter erhitzen, tropfnassen Lauch zugeben, kurz durchschwenken und abgedeckt 20 Minuten köcheln lassen. Von der Flamme nehmen, mit Salz, Pfeffer und Muskatnuss würzen und über einem Sieb abtropfen lassen. Den Lauchfond für das Karottengemüse aufbewahren.

• Die Kartoffeln gründlich waschen, schälen, in dünne Scheiben schneiden und in kochendem Salzwasser 4 Minuten garen. Über einem Sieb abtropfen lassen und auf einem Küchentuch ausbreiten. Den Teig auf bemehlter Arbeitsfläche dünn ausrollen und die gefettete Form damit auskleiden. Überstehenden Rand entfernen.

• Das abgekühlte Lauchgemüse gleichmäßig auf dem Teig verteilen. 2 Eier mit der Ziegenmilch verquirlen und mit Salz, Pfeffer und Muskatnuss würzen. Zwei Drittel der Eiermasse auf dem Lauchgemüse verteilen, mit den Kartoffelscheiben rosettenförmig abdecken und mit der restlichen Eiermilch begießen. Mit Mozzarellascheiben belegen und mit geriebenem Käse bestreuen. Im vorgeheizten Backofen bei 180 °C 45 Minuten goldbraun backen.

• Die Karotten schälen, halbieren und schräg in dünne Scheiben schneiden. Frühlingszwiebeln putzen, von grobem Grün befreien und in 1 cm dicke Scheiben schneiden.

• Zucker mit einigen Tropfen Wasser verrühren und bei geringer Hitze zu einem hellen Karamell kochen. Karottenscheiben zugeben, kurz durchschwenken und mit 50 ml des aufgefangenen Lauchfonds und Gemüsebrühe (oder Wasser) ablöschen. Orangenschale einlegen und abgedeckt etwa 15 Minuten garen, nach 5 Minuten Garzeit die Frühlingszwiebeln zugeben und mitschmoren.

• Estragon klein schneiden und kurz vor dem Servieren unter das Karottengemüse heben. Mit Salz, Pfeffer und Muskat würzen.
• Den Lauchkuchen aus dem Ofen nehmen und mit dem Karottengemüse auf vorgewärmten Tellern anrichten.

Tipp: Der Kartoffel-Lauch-Kuchen schmeckt auch lauwarm oder kalt zu einem Glas trockenem Weißwein.

ALCHEMISTISCH BETRACHTET

In diesem Rezept wird dem inneren Alchemisten durch die Mischung von Ziegenmilch, Mozzarella und Greyerzer große Schützenhilfe geboten. Milch enthält fettspaltende Enzyme, Lipasen, die Fette angreifen und umbauen. Außerdem ist die Milchsäure von entscheidender Bedeutung. Das Milchsäuremolekül besteht zur Hälfte aus einem Zuckermolekül; Milchsäure bildet sich durch Abbau von Zucker unter Ausschluss von Sauerstoff. Die Milchsäurebakterien vermehren sich dann schnell, sie vergären Laktose zu Milchsäure, so dass die Milch sauer wird und gerinnt. Die Milchsäurebakterien unterstützen den Verdauungsvorgang. Lauch hat übrigens eine desinfizierende Wirkung und ist für warme Speisen hervorragend geeignet. Karotten stimulieren das Immunsystem, regen die Verdauung an und stabilisieren die Schleimhaut.

Zutaten für 4 Personen

1 kleiner Kopf junges
Rotkraut (ca. 650 g)
1 unbehandelte Orange
30 g frischer Ingwer
200 g weiße Zwiebeln
2 Lorbeerblätter
4 Nelken
Salz
1 säuerlicher Apfel
(ca. 200 g)
20 g Zucker
2 EL Wasser
25 ml Rotweinessig
150 ml Portwein
150 ml Kalbsfond
40 g Butter
oder Gänseschmalz
schwarzer Pfeffer aus
der Mühle

Geschmortes Rotkraut mit Ingwer und Orangen

Zubereitung

• Rotkraut halbieren, vom Strunk befreien und in dünne Streifen schneiden. Orange heiß abwaschen und in große Stücke teilen. Ingwer schälen und in dünne Scheiben schneiden.

• 100 g Zwiebeln schälen, halbieren und mit Lorbeer und Nelken spicken. Orangenstücke, Ingwer und gespickte Zwiebeln zum Rotkraut geben, mit zwei Prisen Salz würzen und kräftig durchkneten. Mit Klarsichtfolie abdecken und über Nacht ziehen lassen.

• Restliche Zwiebeln schälen und in Streifen schneiden. Apfel schälen, entkernen, vierteln und in Scheiben schneiden. Zucker mit Wasser verrühren und zu einem hellen Karamell kochen. Zwiebeln und Apfelscheiben zugeben, kurz mitbraten und mit Essig ablöschen.

• Mariniertes Rotkraut über einem Sieb gut abtropfen lassen, zu den Zwiebeln geben und mit Portwein ablöschen. Abgedeckt eine gute Stunde köcheln lassen. Dabei immer wieder Kalbsfond und aufgefangene Rotkrautmarinade angießen. Nach 45 Minuten die Orangenstücke und die gespickten Zwiebeln herausnehmen.

• Butter oder Schmalz einrühren, weitere 5 Minuten offen garen und mit Salz und Pfeffer würzen.

ALCHEMISTISCH BETRACHTET

Typisch alchemistisch sind hier Fermentatio und Sublimatio, indem ein Gärvorgang über Nacht unterhalten wird, der dem Kraut die Geschmacksverstärkung gibt. Eingesetzt werden dazu Orangen, Zwiebeln, Ingwer, Lorbeer und Nelken. Der dann verwendete helle Karamell ist stark verfeinerter Zuckergeschmack; durch das Ablöschen mit Essig kommt es zur Solutio und damit zur Lösung der wirksamen Grundstoffe. Der Portwein vereint im Sinne der Alchemie die Wirksubstanzen. Wie gut Orangen, Ingwer, Zwiebel, Lorbeer, Nelken und Äpfel immunologisch wirken, ist bekannt.

Couscous mit Pinienkernen und frischer Minze

*Zutaten für 4 - 6
Personen*
120 ml Geflügelfond
1/2 Chilischote
Salz
*1 Msp. gemahlenes
Piment*
*frisch geriebene
Muskatnuss*
100 g Couscous
2 EL Rosinen
100 ml Pfefferminztee
2 EL Pinienkerne
*einige Blätter frische
Minze*

Zubereitung

• Geflügelfond aufkochen, Chilischote einlegen und kräftig mit Salz, Piment und Muskatnuss würzen. 10 Minuten ziehen lassen und durch ein feines Sieb passieren.

• Couscous über 2 Stunden immer wieder mit etwas Geflügelfond angießen, quellen lassen und mit einer Gabel auflockern.

• Die Rosinen im lauwarmen Pfefferminztee einweichen. Pinienkerne in einer Pfanne ohne Fett goldbraun rösten.

• Rosinen (ohne Flüssigkeit), Pinienkerne und klein geschnittene Minze-blätter unter den Couscous heben.

Tipp: Gerade im Sommer schmeckt Couscous auch kalt als Salat: Couscous einfach mit klein geschnittener Gurke, Harissa (scharfe Paprikapaste), Joghurt, Orangensaft und frischer Minze anmachen.

ALCHEMISTISCH BETRACHTET
Zentraler alchemistischer Vorgang ist das Quellen des Couscous, der in diesem Fall über zwei Stunden andauern soll. Muskatnuss ist ein ausgezeichnetes Stimulans für Magen und Darm – ebenso wie Pfefferminztee. Minze regt überdies die Entgiftung über die Leber an und trennt auf diese Weise gute Energie von schlechter Schlacke. Ideal zur Optimierung des inneren Alchemisten.

Gebratene Zuckerschoten mit Shiitake-Pilzen und Sojasprossen

Zubereitung

• Frühlingszwiebeln putzen, von grobem Grün befreien und schräg in 1 cm lange Stücke schneiden. Zuckerschoten schräg halbieren. Shiitake-Pilze je nach Größe halbieren oder vierteln.

• Sesamöl in einem Wok oder einer beschichteten Pfanne erhitzen. Frühlingszwiebeln, Zuckerschoten und Pilze darin etwa 5 Minuten braten. Sojasprossen zugeben, weitere 2 Minuten braten und mit Sojasoße und einer Prise Zucker würzen.

• Ingwer und fein gehackten Koriander unterheben und mit Duftreis servieren.

Tipp: Als weitere Gemüse eignen sich Karotten, Lauch, Champignons, Babymaiskolben und Chinakohl. Das gebratene Gemüse harmoniert auch hervorragend mit Lammkoteletts in Tandoori-Joghurt (Rezept siehe Seite 138).

Zutaten für 4 Personen
200 g Frühlings-
zwiebeln
240 g Zuckerschoten,
geputzt und Fäden
gezogen
100 g frische Shiitake-
Pilze
2 EL Sesamöl
180 g Sojasprossen
3 EL helle Sojasoße
Zucker
5 g frisch geriebener
Ingwer
1 Bund frischer
Koriander

ALCHEMISTISCH BETRACHTET

Bei diesem Rezept wird alchemistisch die Wirkung von Soja in Kombination mit Frühlingszwiebeln, Zuckerschoten und Sojasprossen verstärkt. Geriebener Ingwer fördert die Bekömmlichkeit. Der alchemistische Vorgang ist die Fixatio, also eine Verfestigung des Eigencharakters. Bei den Wirksubstanzen von Soja handelt es sich um Isoflavone, die im japanischen Raum eingehend erforscht sind und das Hormon- wie das Immunsystem stabilisieren.

Kartoffel-Kürbis-Gratin mit Zimt und Nelken

Zubereitung

• Den Kürbis schälen, entkernen und das Kürbisfleisch in Spalten von 1 1/2 cm Stärke schneiden.

• Die Kartoffeln schälen und in 1 cm dicke Scheiben schneiden. Die Milch erhitzen, Bouquet garni einlegen, mit Salz, Pfeffer und Muskat würzen und zum Kochen bringen. Die Kartoffelscheiben in die Milch geben und halb gar kochen. Auf ein Sieb schütten und gut abtropfen lassen.

• Die Butter in einer entsprechend großen Pfanne erhitzen, die Kürbis- spalten einlegen und von jeder Seite etwa eine Minute braten. Mit Salz, Pfeffer, Muskat und einer Messerspitze Zimt würzen.

• Die Auflaufform mit Knoblauch ausreiben, dann gut mit weicher Butter ausstreichen. Die Hälfte der Kartoffelscheiben auf den Boden der Form legen, die Kürbisspalten darauf verteilen und mit Kartoffelscheiben ab- schließen.

• Die Sahne in einem Topf erhitzen, mit Salz, Pfeffer, Muskat, Nelken- pulver und einer Messerspitze Zimt würzen und über die Kartoffeln gießen. Mit dem Greyerzer betreuen und im vorgeheizten Backofen bei 180 °C eine gute Stunde goldbraun backen.

• Die Kürbiskerne in einer Pfanne ohne Fett rösten, abkühlen lassen und grob hacken.

• Kartoffel-Kürbis-Gratin aus dem Ofen nehmen, mit den Kürbiskernen bestreuen und mit einigen Tropfen Kürbiskernöl beträufeln.

ALCHEMISTISCH BETRACHTET

Bei diesem Rezept gilt wieder das alte Prinzip, »Gleiches mit Gleichem« in Wirkung wie Geschmack zu verstärken. Der Muskatkürbis wird angebraten, die Kürbiskerne werden in einer Pfanne ohne Fett geröstet – eine Intensivierung der aromatischen Kräfte. Und am Ende wird das Gericht noch mit Kürbiskernöl beträufelt: Fixatio – Calcinatio, Purificatio – Cohobatio, Projectio.

Zutaten für 4 - 6 Personen und eine feuerfeste Form von 35 cm Länge
700 g Muskatkürbis
650 g Kartoffeln, mehlig kochend
400 ml Milch
1 Bouquet garni (einige Petersilien- und Thymianzweige, 1 Lorbeerblatt, mit einem Faden zusammen- gebunden)
Salz
Pfeffer aus der Mühle
frisch geriebene Muskatnuss
30 g Butter
2 Msp. gemahlener Zimt
1 Knoblauchzehe, geschält und halbiert
Butter zum Fetten der Form
300 g Sahne
1 Msp. gemahlene Nelken
50 g frisch geriebener Greyerzer Käse
20 g Kürbiskerne
einige Tropfen Kürbiskernöl

121

Fisch

Feinschmecker fahren auf das Naturprodukt Fisch ab. Es verträgt wenig Bearbeitung und nur die feinsten Zutaten, um seinen eigenen Geschmack voll und ganz zu entfalten – eine alchemistische Herausforderung. Weitere Kommentare sind überflüssig: Sie werden schmecken, wie Eckart Witzigmann mit diesem edlen Stoff umgeht.

Bachsaibling mit Wiesenkräutern in der Folie gegart

Zutaten für 4 Personen
4 küchenfertige Bach-saiblinge à ca. 300 g
Salz
weißer Pfeffer aus der Mühle
Saft von 1 Zitrone
50 g flüssige Butter
100 g Egerlinge oder Champignons
2 junge Karotten
2 Stangen Staudensellerie
2 mittelgroße Tomaten
2 EL Olivenöl
4 cl Weißwein
2 Hand voll frische Wiesenkräuter, z. B. Brunnenkresse, Brennnessel, Sauerampfer, Löwenzahn, Gänseblümchen

Zubereitung

• Die Saiblinge waschen, trockentupfen und von innen und außen mit Salz, Pfeffer und Zitronensaft würzen. Ausreichend große Bögen extrastarke Alufolie mit der flüssigen Butter bestreichen und jeweils einen Saibling darauf legen.

• Egerlinge waschen, trockentupfen und putzen. Karotten schälen, Sellerie von groben Fäden befreien. Die Tomaten vom grünen Strunk befreien, kreuzförmig einschneiden, in kochendem Wasser überbrühen, kalt abschrecken, häuten, vierteln und entkernen.

• Das Gemüse in kleine Würfel schneiden, im heißen Olivenöl andünsten, mit Wein ablöschen und sämig einkochen lassen. Mit Salz und Pfeffer würzen.

• Die Kräuter waschen, abzupfen und fein hacken. Mit dem Tomaten-gemüse mischen und die Saiblinge damit füllen. Restliches Gemüse auf den Fischen verteilen. Die Folie zusammenfalten und absolut dicht ver-schließen. Nebeneinander auf ein Backblech legen und im vorgeheizten Backofen bei 210 °C etwa 15 Minuten garen.

• Den Fisch in der Folie servieren, erst bei Tisch öffnen; so bleibt das Aroma am besten erhalten. Dazu schmecken neue Kartoffeln, in Butter geschwenkt, und eine hausgemachte Sauce hollandaise mit frischem Sauer-ampfer, Zitrone und Cayennepfeffer.

Tipp: Alternativ kann man die Bachsaiblinge auch mit den verschiedensten Kräutern wie Petersilie, Dill, Kerbel, Basilikum etc. füllen.

ALCHEMISTISCH BETRACHTET

In diesem Rezept kommt das ganzheitliche alchemistische Prinzip durch die umfassende sensorische Anregung zur Geltung. Die Komposition einer Vielzahl wirkungsstarker Wiesenkräuter mit einem Süßwasserfisch wird zum geschmacklichen Naturerlebnis, dessen ätherisches Element sich Genießern bereits im Duft des rein und isoliert in der Folie gegarten Gerichtes erschließt: das Bild einer blühenden Wildwasserwiese. Nüchtern betrachtet: Die Zutaten decken tatsächlich das ganze Feld natürlicher Wirkstoffe ab: Löwenzahn regt den inneren Alchemisten Leber zur Hochform an; Karotten stimulieren das Immunsystem und führen ihm wichtige Vitamine zu, darüber hinaus stabilisieren sie die Schleimhaut; Sellerie aktiviert das Drüsensystem; Tomaten setzen eine Stoffwechselentgiftung in Gang. Die Zitronendusche verhindert die Bildung krank machender Substanzen bereits beim Kochvorgang (Radikalfänger). Und das ganze Verfahren wird durch die Zugabe von Wein nach dem alchemistischen Prinzip des Alkohols intensiviert.

Dorade auf Kartoffelbett im Ofen gebacken

Zutaten für 2 Personen und eine ovale Tonform von etwa 40 cm Länge
ca. 800 g (720 g netto) geschuppte Dorade, am Rücken der Länge nach eingeritzt (am besten schon vom Fischhändler vorbereiten lassen)
400 g Kartoffeln
4 Frühlingszwiebeln
2 Knoblauchzehen, geschält
50 ml Olivenöl
1 TL Paprikapulver edelsüß
Salz
schwarzer Pfeffer aus der Mühle
1 Kräutersträußchen aus 3 Petersilienzweigen, 2 Thymianzweigen, 1 Lorbeerblatt, mit Lauch umwickelt und zusammengebunden
12 schwarze Oliven
3 EL Weißwein
6 EL Wasser
Für die Kruste
25 g Mie de pain (trockenes geriebenes Weißbrot ohne Rinde)
1 TL Paprikapulver edelsüß
1-2 Knoblauchzehen, geschält
etwas frischer Thymian
Salz
Pfeffer aus der Mühle
Olivenöl

Zubereitung

• Dorade unter fließendem kalten Wasser innen und außen säubern und mit Küchenkrepp trockentupfen. Kartoffeln waschen, schälen und in dünne Scheiben schneiden.

• Frühlingszwiebeln von grobem Grün befreien, weißen Teil in kleine Würfel schneiden. Knoblauch fein hacken und mit den Zwiebeln im Olivenöl langsam glasig dünsten. Kartoffelscheiben zugeben und mit Paprikapulver bestäuben. Mit Salz und Pfeffer würzen, in die Tonform füllen, Kräutersträußchen beigeben und den mit Salz und Pfeffer von innen und außen gewürzten Fisch darauf setzen.

• Geriebenes Weißbrot mit Paprikapulver, fein gehacktem Knoblauch und einigen Thymianblättern vermengen, leicht salzen und pfeffern. Dorade mit der Kruste bedecken und mit etwas Olivenöl beträufeln. Schwanz in Alufolie wickeln, Oliven ringsherum verteilen und im vorgeheizten Backofen bei 220 °C etwa 35 Minuten backen.

• Nach 15 Minuten den Wein zufügen sowie – falls nötig – das Wasser. Die Kartoffelscheiben immer wieder mit austretender Flüssigkeit begießen.

ALCHEMISTISCH BETRACHTET
Die Kartoffelscheiben dienen als sämige Grundlage für den Fisch und fangen seine austretenden Substanzen auf; durch Fixatio wird mit Paprikapulver der Geschmack verstärkt. Der aufgelegte Fisch wird mit einer Krustenkappe versiegelt, so dass beim Dünsten durch Sublimatio eine Verfeinerung durch Verflüchtigung z. B. des zugefügten Weines stattfindet. Thymian wird in seiner Wirkung verstärkt und stabilisiert Magen und Darm.

Loup de mer in der Salzkruste

Zubereitung

• Den Fisch unter fließendem kalten Wasser säubern und von Kiemen (am besten schon vom Fischhändler vorbereiten lassen) und eventuellen Blutresten befreien. Mit Küchenpapier trockentupfen. Loup de mer mit Fenchelgrün, Petersilien- und Dillzweigen füllen.

• Fenchel halbieren und in dünne Streifen schneiden. Grob zerstoßene Fenchelsamen und Sternanis in einer Pfanne ohne Fett rösten. Gewürze aus der Pfanne nehmen. In der gleichen Pfanne das Olivenöl erhitzen und Fenchel darin bei geringer Temperatur 4 Minuten dünsten.

• Meersalz mit leicht angeschlagenem Eiweiß vermengen. Etwa ein Drittel des Salzes auf ein mit Alufolie ausgelegtes Backblech geben und mit jeweils der Hälfte der Fenchelstreifen und der Gewürze belegen. Nun den gefüllten Fisch auf den Fenchel setzen und mit den restlichen Fenchelstreifen und Gewürzen bestreuen. Den Fisch gut mit dem übrig gebliebenen Salz einpacken und leicht andrücken.

• Loup de mer im vorgeheizten Backofen bei 230 °C 35 Minuten backen, aus dem Ofen nehmen und etwa 4 Minuten ruhen lassen. Die Salzkruste mit einem Sägemesser quer zum Fisch vorsichtig öffnen. Den Salzdeckel abheben, Haut, Gräten, Kräuter, Fenchel und Gewürze entfernen. Fischfilets auf vorgewärmten Tellern anrichten und leicht salzen.

Zutaten für 4 Personen
1 Loup de mer
(Wolfsbarsch) von ca.
1,2 kg netto, d.h. aus-
genommen, aber nicht
geschuppt
1 Fenchelknolle
mit Grün
je 3 Zweige frische
Petersilie und Dill
2 EL Fenchelsamen
6 Sternanis
1 EL Olivenöl
3 kg grobes Meersalz
4 Eiweiß
Salz

ALCHEMISTISCH BETRACHTET

Der alchemistischen Calcinatio entspricht die Methode, den Fisch in einer Salzkruste zu garen. Durch starkes Erhitzen der mineralischen Hülle verdampft ihr Wassergehalt und es entsteht ein vollkommen isolierter »Ofen«, dem keine Substanzen entweichen können, sondern die alle zur Anreicherung des Gargutes beitragen. Zuvor schon wird Gleiches mit Gleichem verstärkt. Fenchelsamen und Sternanis werden nach dem Prinzip der Sublimatio durch Anrösten, die Eigenart des Fenchelgemüses durch Andünsten separiert. In der durch die Mineralhülle eingeschlossenen Verdampfung erreichen die Substanzen und Aromen ihren optimalen Effekt.

Zutaten für 4 Personen
12 Gambas ohne Kopf
und Schale
Saft von 1/2 Zitrone
2 EL Olivenöl
Cayennepfeffer
Für die Soße
1 kleine weiße Zwiebel
1 kleine Schalotte
2 mittelgroße Tomaten
20 g Butter
1 Knoblauchzehe,
geschält
8 kleine Champignons
8 - 10 Safranfäden
1 Zweig frischer
Thymian
40 ml Noilly Prat
40 ml trockener
Weißwein
Olivenöl zum Braten
1 Spritzer Pernod zum
Flambieren
50 ml Fischfond
80 g angeschlagene
Sahne
Salz
Cayennepfeffer
einige Blätter frischer
Estragon

Flambierte Gambas mit Champignons und Tomaten

Zubereitung

• Gambas halbieren, Darm entfernen und mit Zitronensaft, Olivenöl und etwas Cayennepfeffer marinieren.

• Zwiebel und Schalotte schälen und in kleine Würfel schneiden. Tomaten vom grünen Strunk befreien, kreuzförmig einschneiden, in kochendem Wasser überbrühen, eiskalt abschrecken, enthäuten, vierteln, entkernen und in kleine Würfel schneiden.

• Butter erhitzen, Knoblauchzehe zugeben, Zwiebeln und Schalotten glasig dünsten. Champignons und Safranfäden mitbraten, Thymian und Tomatenwürfel zugeben und 8 Minuten bei geringer Temperatur schmoren.

• Die Knoblauchzehe entfernen, Soße mit Noilly Prat und Weißwein verfeinern und sämig einkochen lassen.

• Garnelen in 2 EL Olivenöl von beiden Seiten braten, mit einem Spritzer Pernod beträufeln und flambieren (am besten mit einem langen Streichholz). Fischfond angießen und etwas einkochen lassen.

• Angeschlagene Sahne zur Champignonsoße geben, einmal aufkochen lassen, mit Salz und Cayennepfeffer pikant würzen. Flambierte Garnelen zugeben, kurz durchschwenken und mit frischem Estragon verfeinern.

ALCHEMISTISCH BETRACHTET

Ein wahrlich alchemistisches Rezept, denn es benutzt das Verfahren der Calcinatio durch Flambieren, um die Ursubstanz (eingelegte Gambas) zu reinigen. In diesem Fall vermittelt der Pernod noch ein gehöriges Aroma – neben der immunologischen Wirkung zur Erregerabwehr. Die Soße wird nach dem alchemistischen Verfahren der Separatio so eingekocht, dass die Grundsubstanz schmackhaft eingedickt ihre besonderen Aromaten in Weingeist gelöst wieder freigibt.
So wirken, medizinisch gesehen, auch die Ingredienzien stärker: die Zwiebel zur Erregerabwehr, der Thymian drüsenstimulierend, die Tomaten mit Lycopen immunanregend, der Knoblauch durchblutungsfördernd und keimtötend.

Zutaten für 4 Personen

Zutaten für 4 Personen
1 Goldbrasse (ca. 1,2 kg)
Meersalz
Saft von 1 Zitrone
4 frische Lorbeerblätter
4 Scheiben unbehandelte Zitrone
40 g Butter
frischer Thymian
frisches Basilikum
frische glatte Petersilie
20 ml Olivenöl
2 kleine Schalotten
3 Knoblauchzehen
50 ml Weißwein
40 ml Wasser
Für die Soße
3 mittelgroße Tomaten
40 ml Olivenöl
4 Knoblauchzehen, in der Schale angedrückt
1 mittelgroße Schalotte, geschält und in feine Würfel geschnitten
1 Zweig frischer Thymian
Meersalz
schwarzer Pfeffer aus der Mühle
Zucker
20 kleine Kapern, fein gehackt
4 Sardellenfilets, fein gehackt
2 schwarze und 2 grüne Oliven, in feine Würfel geschnitten
1 Zitrone
1 Bund frische glatte Petersilie

Goldbrasse mit Aromaten

Zubereitung

• Die Goldbrasse schuppen, ausnehmen, Kiemen und Flossen entfernen. Anschließend waschen und trockentupfen. Den Rücken im Abstand von etwa 1 cm einschneiden. Fischfleisch rechts und links zweimal so einschneiden, dass man Lorbeerblätter und Zitronenscheiben hineingeben kann. Einschnitte mit Meersalz und etwas Zitronensaft würzen und mit den Lorbeerblättern und Zitronenscheiben von beiden Seiten spicken. Den Bauch ebenfalls mit Meersalz und Zitronensaft würzen und mit klein geschnittener Butter und den Kräutern füllen.

• Das Olivenöl in einer ovalen Tonform erhitzen, die fein geschnittenen Schalotten und die Knoblauchzehen ohne Farbe anschwitzen. Weißwein und Wasser zufügen, den gefüllten Fisch einlegen und circa 35 Minuten bei 210 °C backen. Dabei immer wieder mit Garflüssigkeit übergießen.

• Die Tomaten vom grünen Strunk befreien, kreuzförmig einschneiden, in kochendem Wasser überbrühen, kalt abschrecken, häuten, vierteln, entkernen und in kleine Würfel schneiden.

• Olivenöl erhitzen, Tomaten, Knoblauch, Schalotten und Thymian langsam weich schmoren, mit Salz, Pfeffer und einer Prise Zucker würzen. Knoblauch und Thymian entfernen, mit Kapern, Sardellen und Oliven vermengen. Die Zitrone schälen, Filets herauslösen und in kleine Würfel schneiden. Tomatensoße mit fein gehackter Petersilie und den Zitronenwürfeln verfeinern und nochmals abschmecken.

• Tomaten-Gewürz-Sugo mit Fischsaft vermischen, einen Teil der Soße über den Fisch geben.

ALCHEMISTISCH BETRACHTET

Die präparierte Brasse wird von außen und innen mit Meersalz und Zitronensaft, Lorbeerblättern und Zitronenscheiben gewürzt und dann mit Aromaten gefüllt. Wichtigster alchemistischer Vorgang ist die Wirkung von Salz (Pökeleigenschaft) und Zitrone, um Proteine zum Gerinnen zu bringen. So braucht man zum Garen weniger Hitze und kann das gesamte Aroma des Fisches mit beigefügten Kräutern und Aromaten bei niedriger Temperatur zu einem Opus steigern.

Gegrillter Lachs mit Rotweinbutter

Zubereitung

• Die Lachssteaks säubern, kalt abbrausen und mit Küchenkrepp trockentupfen. Orange und Zitrone heiß abwaschen und in dünne Scheiben schneiden.

• Koriander und Anis im Mörser grob zermahlen und mit der Chilischote und dem Olivenöl verrühren.

• Lachssteaks in eine entsprechend große Form geben, von beiden Seiten mit der Marinade bepinseln, mit Orangen- und Zitronenscheiben, Korianderzweigen und Knoblauch belegen, mit Klarsichtfolie abdecken und über Nacht kühl stellen.

• Für die Rotweinbutter die Schalotte in feine Würfel schneiden und in etwas Butter bei geringer Temperatur glasig anschwitzen. Mit Rotwein und Portwein aufgießen und auf die Hälfte der Flüssigkeit einkochen lassen (etwa 1 dl).

• Lachssteaks aus der Marinade nehmen und auf den vorgeheizten Grill legen. Von beiden Seiten etwa 3 - 4 Minuten goldbraun braten und mit Fleur du sel leicht würzen.

• Die eiskalten Butterstücke nach und nach in die Rotweinreduktion einschwenken und mit Salz, Pfeffer und Cayennepfeffer abschmecken.

• Die gegrillten Lachssteaks mit Rotweinbutter servieren und dazu Kartoffeln oder einfach nur frisches Weißbrot reichen.

Tipp: Gerade in der Grillsaison bietet die Rotweinbutter eine köstliche Alternative zur klassischen Kräuterbutter. Die Reduktion am besten vorbereiten und kurz vor dem Servieren nochmals erhitzen und fertig stellen.

ALCHEMISTISCH BETRACHTET

Die zentralen alchemistischen Vorgänge sind hier wiederum Fermentatio und Sublimatio, also das Einlegen in Aromaten und Antioxidanzien, so dass der Lachs enzymatisch durchzogen und sein Geschmack verfeinert wird. Beim Herstellen der Rotweinbutter wird ein Destillationsvorgang durch Einkochen ausgelöst. Grundsätzlich findet jedoch auch eine Projectio statt, eine Parfümierung durch diese »Marinade«.

Zutaten für 4 Personen
4 Lachssteaks à 250 g
1/2 unbehandelte Orange
1/2 unbehandelte Zitrone
1/2 TL Koriandersamen
1/2 TL Anissamen
1/2 Chilischote, entkernt und fein gehackt
4-6 EL Olivenöl
1/2 Bund frischer Koriander
2 Knoblauchzehen, in der Schale angedrückt
Für die Rotweinbutter
1 Schalotte, geschält
Butter
2 dl kräftiger Rotwein
1 TL weißer Portwein
Fleur du sel (grobes Meersalz)
120 g eiskalte gesalzene Butter, in kleine Stücke zerteilt
Salz
Pfeffer aus der Mühle
Cayennepfeffer

Fleisch

Vergessen Sie, was Sie an Fleischgeschmack kennen. Erstens gibt es nicht nur Rind, Kalb, Schwein, Huhn und Pute, und es kommt nicht zuletzt uns selbst zugute, wenn wir ihnen – auch den Zuchttieren – zu gesundem Wachstum verhelfen. Zweitens sollten wir aus demselben Eigennutz auch andere Kreaturen hegen und pflegen: Schafe und Ziegen zum Beispiel, die vielen Arten von Geflügel oder Wild. Der alchemistische Koch hat Rezepturen entwickelt, die neue Geschmackshorizonte eröffnen.

Zutaten für 4 Personen

*600 g Lammschulter,
ausgelöst
150 g Zwiebeln
3 Knoblauchzehen
60 g Karotten
60 g Knollensellerie
Salz
schwarzer Pfeffer aus
der Mühle
3 EL Olivenöl
1 TL scharfes
Currypulver
1 TL mildes
Currypulver
100 ml Apfelsaft
150 ml Weißwein
1/4 l Geflügelfond
1/2 l Wasser
1 kg Kartoffeln
1 Bouquet garni
(einige Petersilien-
und Thymianzweige,
1 Lorbeerblatt, mit
einem Faden
zusammengebunden)
8 getrocknete Aprikosen
4 EL Aprikosenlikör
4 Nelken
8 Korianderkörner*

Lammcurry mit Aprikosen

Zubereitung

• Lammschulter von groben Sehnen befreien und in große Würfel schneiden. Zwiebeln, Knoblauch, Karotten und Sellerie schälen. Zwiebeln halbieren und in feine Streifen schneiden, Knoblauch fein hacken, Karotten und Sellerie in 1 cm große Würfel schneiden.

• Lammfleisch mit Salz und Pfeffer würzen und in Olivenöl von allen Seiten goldbraun anbraten.

• Zwiebeln, Knoblauch und Gemüse zum Fleisch geben, kurz mitdünsten und mit scharfem und mildem Curry bestäuben. Mit Apfelsaft und Weißwein ablöschen, Flüssigkeit vollständig einkochen lassen und nach und nach mit Geflügelfond und Wasser aufgießen. Dabei die Flüssigkeit immer wieder einkochen lassen (so intensiviert sich der Geschmack, und die Soße bekommt einen wunderbaren Glanz).

• Lammcurry etwa 1 1/2 - 2 Stunden weich schmoren. Inzwischen die Kartoffeln schälen und in etwa 2 cm große Würfel schneiden. Kartoffelwürfel und Bouquet garni nach 45 Minuten zum Lammcurry geben.

• Aprikosen der Länge nach halbieren und in Aprikosenlikör einlegen. Nelken und Koriander in einer Pfanne ohne Fett rösten, bis die Aromen frei werden, dann in einem Mörser grob zermahlen.

• Bouquet garni entfernen, eingelegte Aprikosen (mit Likör) zum Curry geben und mit Nelken, Koriander, Salz und Pfeffer würzen.

Tipp: Wer möchte, kann das Lammcurry noch mit einem Klacks Sauerrahm verfeinern. Dazu Couscous mit Pinienkernen und frischer Minze servieren (Rezept siehe Seite 118).

ALCHEMISTISCH BETRACHTET

Der alchemistische Prozess bei diesem Rezept ist die Solutio. Apfelsaft und Weißwein löschen den Bratensatz ab, werden jedoch vollständig eingekocht und immer wieder aufgegossen und verdampft. So intensivieren sich Geschmack und interessanterweise auch das Aussehen der Soße. Eine besondere Verfeinerung des Lammcurrys findet durch einen weiteren alchemistischen Vorgang statt: indem Aprikosen in den aus ihrem Extrakt gewonnenen Aprikosenlikör eingelegt werden. Aus Nelken und Koriander wird das Aroma freigesetzt und beigegeben. Die Aprikose ist, wie schon erwähnt, ein hochwirksames Mittel der Naturheilkunde bei Blutarmut, Depression und Mangelkrankheiten.

Zutaten für 4 Personen

*2 Stubenküken à
ca. 600 g
120 g Champignons
50 g Schalotten,
geschält und in feine
Würfel geschnitten
40 g Butter
1 Zweig frischer
Thymian
Salz
schwarzer Pfeffer aus
der Mühle
frisch geriebene
Muskatnuss
2 gehäufte EL (25 g)
Hartweizengrieß
100 g Sahne
100 ml Milch
1/2 Bund frischer
Liebstöckel
1/2 Bund frische glatte
Petersilie
125 g Quark
(Halbfettstufe)
1 Ei (Größe M)
4 gehäufte EL (50 g)
Hartweizengrieß
Butter*

Gefülltes Stubenküken mit Quark-Grießplätzchen

Zubereitung

• Die Stubenküken unter fließendem kalten Wasser gründlich von innen und außen waschen und mit Küchenkrepp trockentupfen. Die Flügelspitzen abschneiden und beiseite legen.

• Champignons waschen, trocknen, putzen und in kleine Würfel schneiden. Schalotten und Champignons in 20 g heißer Butter glasig dünsten, Thymianzweig zufügen und 5 Minuten garen. Mit Salz, Pfeffer und Muskat würzen, Thymianzweig entfernen.

• Die restliche Butter erhitzen, den Grieß einrühren, Sahne und Milch nach und nach zugeben und 6 - 8 Minuten bei geringer Temperatur unter ständigem Rühren so lange quellen lassen, bis eine trockene Masse entstanden ist.

• Kräuter waschen, abzupfen und fein hacken. Grieß in eine Schüssel füllen, abkühlen lassen und mit Champignons, Kräutern, Quark, Ei und 2 EL Hartweizengrieß verrühren. Die Quarkmasse mit Salz, Pfeffer und Muskat würzen.

• Stubenküken innen und außen mit Salz und Pfeffer würzen, mit Quarkmasse füllen und mit Rouladennadeln verschließen.

• In einem Bräter oder einer feuerfesten Form Karotten, Petersilienwurzel, Knoblauch, Zwiebeln, Flügelspitzen, Lorbeer und Thymian verteilen. Das Wasser angießen, die Stubenküken auf das Gemüse setzen und im vorgeheizten Backofen bei 180 °C etwa eine Stunde garen. Dabei immer wieder etwas Geflügelfond angießen und die Stubenküken damit begießen.

• Stubenküken aus der Form nehmen, Gemüse und Fond in einen Topf füllen und sämig einkochen lassen. Die Küken mit etwas Butter bestreichen und bei 200 °C weitere 5 Minuten bräunen. 1 EL Butter in die Soße rühren und mit Salz und Pfeffer würzen.

• Die verbliebene Quarkmasse mit dem restlichen Hartweizengrieß verrühren, mit einem Löffel Plätzchen abstechen und in heißer Butter von beiden Seiten goldbraun braten.

• Die Stubenküken halbieren und mit geschmortem Gemüse, Soße und gebratenen Grießplätzchen servieren.

ALCHEMISTISCH BETRACHTET

In diesem Rezept wird die Kraft des Weizens genutzt, indem man durch Zugabe von Butter, Milch und Sahne einen Quellvorgang einleitet. Die Besonderheit des Rezeptes besteht darin, dass die Fülle zugleich als Beilage verarbeitet wird. Lediglich ein weiteres Eindicken durch Zugabe von Hartweizengrieß lässt die fein gewürzten Grießplätzchen entstehen. So ergibt sich fast wie nach dem Prinzip »Gleiches mit Gleichem« eine ausgewogene Harmonisierung des fein abgestimmten Geschmacks. Alchemistisch entspricht der Quellvorgang der Conjunctio (Verbindung).

Für die Soße
1 Karotte, geschält und
grob zerkleinert
1 Petersilienwurzel,
geschält und grob
zerkleinert
2 Knoblauchzehen, in
der Schale angedrückt
1 Zwiebel, geschält und
grob zerkleinert
2 Lorbeerblätter
2 Zweige frischer
Thymian
50 ml Wasser
150 ml Geflügelfond
Butter
Salz
schwarzer Pfeffer
aus der Mühle

Zutaten für 4 Personen

800 g Lammkoteletts
200 g Naturjoghurt
(3,5 % Fett)
1/2 gestrichener TL
Tandoori-Paste (im
Asialaden erhältlich)
Salz
Zucker
2 Zweige frischer
Thymian
1 Zweig frischer
Rosmarin
5 Knoblauchzehen, in
der Schale angedrückt
4 orangefarbige
Süßkartoffeln mittlerer
Größe
1 EL grobkörniges
Meersalz
2 EL Weißweinessig
Olivenöl
schwarzer Pfeffer aus
der Mühle
chinesisches Fünf-
Gewürze-Pulver
Currypulver
1/2 TL Fenchelsamen,
grob zerstoßen
1/2 TL Kümmel, grob
zerstoßen
1/2 Bund frischer
Koriander

Gegrillte Lammkoteletts in Tandoori-Joghurt

Zubereitung

• Lammkoteletts von grobem Fett befreien. Joghurt mit Tandoori-Paste und einer Prise Salz und Zucker vermengen und die Lammkoteletts damit von beiden Seiten bestreichen. Lammkoteletts in eine Form legen, Thymian, Rosmarin und 2 Knoblauchzehen zufügen und abgedeckt im Kühlschrank mindestens 3 Stunden, am besten über Nacht kalt stellen.

• Die Kartoffeln sauber bürsten und in 1/2 cm dicke Scheiben schneiden. Kaltes Wasser mit Meersalz und Essig vermengen, die Kartoffelscheiben zugeben und über Nacht stehen lassen.

• Kartoffeln über einem Sieb abgießen, in kochendes Salzwasser geben und einmal aufkochen lassen. Wasser abgießen und die heißen Kartoffeln auf Küchenpapier ausdampfen lassen.

• 4 EL Olivenöl in einer Pfanne erhitzen, die Kartoffelscheiben so einlegen, dass sie nicht übereinander liegen. Mit Salz, Pfeffer, Fünf-Gewürze-Pulver, Curry, Fenchel und Kümmel bestreuen. Die restlichen 3 Knoblauchzehen zugeben und 7 Minuten goldgelb braten. Kartoffeln wenden, mit den Gewürzen bestreuen und weitere 7 Minuten braten.

• Lammkoteletts aus der Marinade nehmen, leicht abstreichen und auf dem Grill von beiden Seiten etwa 2 Minuten braten. Fleisch und Kartoffeln leicht salzen, gehackten Koriander unter die Kartoffeln heben und mit den gegrillten Lammkoteletts servieren.

ALCHEMISTISCH BETRACHTET

Der alchemistische Vorgang ist hier die Separatio. Über Naturjoghurt werden Milchsäurebakterien und natürliche Enzyme bereitgestellt, die das eingelegte Lamm enzymatisch bearbeiten. Aus der chinesischen Fünf-Gewürze-Mischung, dem Fenchelsamen, Knoblauch und Koriander ergibt sich eine optimale naturheilkundliche Wirkung zur Entgiftung, Bakterienabwehr und Blutreinigung.

Zutaten für 4 Personen

400 g Hühnerleber
1/4 l Milch
Salz
Cognac
200 ml Portwein
50 ml braune Soße
(wenn vorhanden)
40 g Pinienkerne
50 g Rosinen
3 EL Calvados
1 säuerlicher Apfel
(ca. 200 g)
Saft von 1/2 Zitrone
30 g Butter
Zucker
1 Msp. gemahlener
Zimt
Olivenöl
1 mittelgroße rote
Zwiebel, geschält und
in dünne Ringe
geschnitten
Sherryessig
schwarzer Pfeffer aus
der Mühle
getrockneter Majoran

Flambierte Hühnerleber mit Pinienkernen, Äpfeln und Rosinen

Zubereitung

• Hühnerleber in Milch einlegen, leicht salzen und mit einem Spritzer Cognac verfeinern. Mit Klarsichtfolie abdecken und über Nacht kühl stellen.

• Portwein sämig einkochen lassen. Braune Soße zugeben und beiseite stellen. Pinienkerne in einer Pfanne ohne Fett goldbraun rösten. Rosinen in Calvados einlegen.

• Den Apfel schälen, vierteln, entkernen, in Spalten schneiden und mit Zitronensaft beträufeln. Etwas Butter erhitzen, die Apfelspalten darin von beiden Seiten goldbraun anbraten, leicht zuckern und mit Zimt würzen.

• Hühnerleber aus der Milch nehmen, mit Küchenkrepp trockentupfen. 2 EL Olivenöl in eine Pfanne geben und die Zwiebelringe darin goldbraun braten. Zwiebeln etwas zur Seite schieben, die Hühnerleber dazugeben, von beiden Seiten braten, leicht salzen. Mit Sherryessig ablöschen, mit einem Spritzer Cognac verfeinern und flambieren (am besten mit einem langen Streichholz).

• Reduzierten Portwein, Pinienkerne, Rosinen mit Calvados, Apfelspalten und die restliche Butter zugeben und gut durchschwenken. Mit Salz, Pfeffer und etwas Majoran würzen und am besten mit Reis oder einfach nur frischem Weißbrot servieren.

ALCHEMISTISCH BETRACHTET

Bei diesem Rezept wird die Hühnerleber alchemistisch vorbereitet, indem sie, in Milch eingelegt, durch Milchsäurebakterien und Enzyme zur weiteren Verarbeitung vorbehandelt wird. Auch hier verfeinert ein Spritzer Cognac das Aroma und den Geschmack durch Solutio. Des Weiteren wird durch Zugabe von Portwein ein Destillationsvorgang eingeleitet, um den vorher durchgeführten Fermentationsprozess aus Milchsäure und Essigbakterien zu verstärken. Alchemistisch reinigt das Flambieren die Grundsubstanz.

Gekochte Lammkeule im Wurzelsud mit Keniabohnen

Zubereitung

• Die Lammkeule von groben Sehnen befreien und in etwa 3 cm große Würfel schneiden. Knoblauch schälen und fein hacken. Lammfleisch mit Knoblauch und etwas frisch gemahlenem Pfeffer vermengen, mit Klarsichtfolie abdecken und einen Tag ziehen lassen.
• Gesalzenes Wasser mit Weißwein aufkochen, Tapioka unter ständigem Rühren einstreuen (dient als Bindemittel) und das vorbereitete Lammfleisch dazugeben. Lammfleisch weich kochen, den auftretenden Schaum dabei abschöpfen.
• Zwiebel mit Lorbeerblatt und Nelken spicken. Staudensellerie und Petersilienwurzel putzen und in feine Streifen schneiden. Das Gemüse mit den Safranfäden etwa 20 Minuten vor dem Anrichten in den Sud geben und mit Salz, Pfeffer und einem Spritzer Weinessig würzen.
• Die Enden der Keniabohnen abknipsen, Bohnen in kochendem Salzwasser etwa 7 Minuten weich kochen. Abgießen, eiskalt abschrecken, über einem Sieb gut abtropfen lassen und zum Eintopf geben.
• Den Eintopf in vorgewärmten Tellern anrichten. Mit gezupfter Petersilie und frisch geriebenem Meerrettich bestreuen (Vorsicht bei der Dosierung, lieber nachwürzen!).

Zutaten für 4 Personen
1,2 kg Lammkeule
5 Knoblauchzehen
Pfeffer aus der Mühle
Salz
1 3/4 l Wasser
1/4 l trockener Weißwein
100 g Tapioka (im Reformhaus erhältlich; ist auch unter dem Namen Sago bekannt)
1 mittelgroße Zwiebel, geschält
1 Lorbeerblatt
2 Nelken
100 g Staudensellerie
100 g Petersilienwurzel
10 Safranfäden
1 Spritzer Weinessig
150 g Keniabohnen
1/2 Bund frische glatte Petersilie
2 EL frisch geriebener Meerrettich

ALCHEMISTISCH BETRACHTET

Die alchemistische Wirkung der Gemüse und Kräuter ergänzt sich zu höchster Effizienz. Knoblauch wirkt nicht nur gegen Bakterien, sondern fördert wie die Zwiebel auch die Durchblutung, während Lorbeer ein starker Immunstimulator ist und Staudensellerie sowie Petersilie das Magen- und Drüsensystem aktivieren. Safran nimmt die Erschöpfung, erfrischt und schützt vor Arteriosklerose. Meerrettich ist ein Allheilmittel gegen Erkältungen und Muskelschmerzen. Der alchemistische Basisprozess in diesem Rezept beruht auf Wein und Weinessig: Lebensmittel, die in Zitrone oder Essig behandelt werden, garen wesentlich schneller als ohne diese Säureeinwirkung.

Zutaten für 4 - 6 Personen

1 kg Rinderwade
1/4 l Rotweinessig
1/3 l Wasser
1 TL Salz
1 TL Zucker
3 mittelgroße Schalotten, geschält
3 Nelken
1 Lorbeerblatt
10 Pfefferkörner
120 g Karotten
80 g Knollensellerie
40 g Petersilienwurzel
1 Knoblauchzehe, in der Schale angedrückt

Ragout von eingelegtem Rindfleisch mit Dörrobst

Zubereitung

• Rinderwade von groben Sehnen befreien und in große Würfel schneiden.
• Essig mit Wasser, Salz, Zucker, grob geschnittenen Schalotten, Nelken, Lorbeer und Pfefferkörnern verrühren.
• Karotten, Sellerie und Petersilienwurzel schälen, Karotten in grobe Scheiben, Sellerie und Petersilienwurzel in grobe Würfel schneiden. Mit der Knoblauchzehe zur Marinade geben. Das Fleisch für 3 Tage darin einlegen – mit Folie abgedeckt und kühl gestellt.
• Das Dörrobst am besten schon am Tag vor der Zubereitung des Fleisches in den warmen Tee mit zugefügten Nelken, Zimt und Orangen- und Zitronenschale einlegen.
• Das Fleisch über einem Sieb abgießen, die Marinade dabei auffangen, das Gemüse sowie die Gewürze und Aromaten aufheben. Olivenöl – am besten in einem gusseisernen Topf – erhitzen, die Fleischstücke darin stark anbraten, das Gemüse zufügen und mitbraten, bis es leicht Farbe bekommt. Tomatenmark dazugeben und ebenfalls kurz mitbraten. Die Gewürze und Aromaten zufügen und mit der aufgefangenen Marinade ablöschen.
• Abdecken und im vorgeheizten Backofen bei 200 °C circa 1 1/2 - 2 Stunden weich schmoren. Dabei immer wieder Rotwein und falls nötig etwas Rinderfond oder Wasser angießen. Nach 30 Minuten den grob zerbröselten Pumpernickel zur Bindung dazugeben.
• Den Topf aus dem Ofen nehmen, das Fleisch herausnehmen und die Soße durch ein feines Sieb passieren. Die Soße mit der Sahne verfeinern und sämig einkochen lassen. Klein geschnittenes Dörrobst und Fleischstücke kurz in der Soße ziehen lassen und mit Salz und Pfeffer abschmecken.

Tipp: Als Beilage eignen sich Schupfnudeln, breite Butternudeln oder Kartoffelknödel.

ALCHEMISTISCH BETRACHTET

Mehrere alchemistische Vorgänge verstärken bei diesem exzellenten Gericht den Geschmack und die Wirkung der Ingredienzien. Drei Tage eingelegt heißt drei Tage Fermentatio und Sublimatio – Gärung und Verfeinerung des Geschmacks. Dabei wird das Fleisch weich über Salz und Zucker in der Osmose optimiert und nimmt bereits wertvolle Inhaltsstoffe aus den Gemüsen und Gewürzen an. Eine Veredelung gelingt dann über die Projectio, als Dörrobst auf den warmen Teeträger aufgezogen, und durch freigesetzte Aromaten aus Nelken, Zimt, Orangen- und Zitronenschale. Wichtig ist am Ende noch der Schmorvorgang, also die Fixatio, und der immer wieder angegossene Rinderfond und Rotwein. Pumpernickel bindet alle Ingredienzien zu einer traumhaften Geschmacksnote.

Für die Soße
160 g Dörrobst (Birnen,
Pflaumen, Rosinen,
Äpfel)
1/2 l schwarzer Tee
6 Nelken
1 Zimtstange
je 1 kleines Stück
unbehandelte Orangen-
und Zitronenschale
30 ml Olivenöl
1 gehäufter EL
Tomatenmark
1/2 l kräftiger Rotwein
1/2 Scheibe
Pumpernickel
110 g Sahne
Salz
schwarzer Pfeffer aus
der Mühle

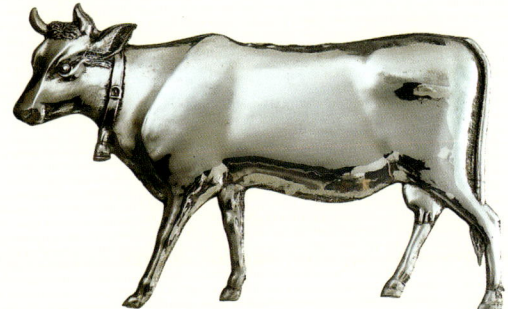

143

Zutaten für 4 Personen
2 Schweinekoteletts à
350 g vom Jungschwein
(vor dem Halsansatz)
3 große
Knoblauchzehen
12 g Kümmel
11 EL Olivenöl zum
Marinieren
Salz
schwarzer Pfeffer aus
der Mühle
Mehl zum Bestäuben
2 mittelgroße weiße
Zwiebeln (à ca. 60 g)
20 g Butter
40 g Karotte
40 g Staudensellerie
einige Zweige frische
Petersilie
1 Flasche dunkles Bier
1 EL frisch gehackte
glatte Petersilie

Schweinekoteletts mit Knoblauch und Kümmel in Biersoße

Zubereitung

• Die Schweinekoteletts leicht anklopfen und die Schwarte mit einem spitzen, scharfen Messer im Abstand von 1/2 cm einschneiden.

• Den geschälten Knoblauch mit Kümmel fein hacken (Kümmel mit etwas Öl oder Wasser befeuchten, dann springt er beim Hacken nicht vom Brett). Die Koteletts von beiden Seiten damit einreiben und im Olivenöl marinieren. Mit Klarsichtfolie abdecken und über Nacht kalt stellen.

• Das Fleisch aus der Marinade nehmen (mindestens eine Stunde vor der Zubereitung aus dem Kühlschrank nehmen), etwa die Hälfte des Olivenöls erhitzen. Die Koteletts mit Salz und Pfeffer würzen, mit Mehl bestäuben und von beiden Seiten langsam (je 5 Minuten) braten. Dabei immer wieder mit austretender Garflüssigkeit übergießen; der Knoblauch darf auf keinen Fall verbrennen.

• Die geschälten Zwiebeln halbieren, der Länge nach dritteln und zum Fleisch geben. Zwiebeln hellbraun anschwitzen und die Butter einrühren. Die geschälte Karotte sowie den von groben Fäden befreiten Sellerie in feine Scheiben schneiden und mit einigen Petersilienzweigen zu den Zwiebeln geben. Von Zeit zu Zeit mit etwas Bier ablöschen, jedoch nur löffelweise. Abdecken, etwa 20 Minuten simmern lassen und dabei stets mit der Flüssigkeit übergießen.

• Die Koteletts auf einen umgedrehten Teller legen (so kann die Flüssigkeit gut abtropfen), mit Alufolie abdecken und warm stellen. Das Zwiebelgemüse rasch einköcheln lassen, einen Spritzer Bier sowie etwas Wasser

zufügen und diesen Vorgang zwei- bis dreimal wiederholen, bis eine kurze, kräftige Soße entstanden ist.

• Die Soße durch ein feines Sieb passieren, nochmals aufkochen lassen. Mit Salz und Pfeffer würzen, die Koteletts einlegen und dabei immer wieder mit Soße übergießen. Das Fleisch in dünne Scheiben schneiden, mit Petersilie bestreuen und servieren.

• Als Beilage eignet sich am besten ein Salat aus Weißen Bohnen mit Zwiebeln und Essigmarinade. Aber auch kross gebratene Bratkartoffeln schmecken hervorragend dazu.

Tipp: Die Kunst liegt darin, dass die Koteletts langsam braten, poëlieren und auf keinen Fall in Flüssigkeit schwimmen sollen.
Der grobe Fettrand am Fleisch ist ein feiner Geschmacksträger und kann nach dem Garen je nach Geschmack auch abgeschnitten werden.
Man kann das Gemüse natürlich mit servieren – in diesem Fall die Soße nicht passieren.

ALCHEMISTISCH BETRACHTET

Der besondere Trick beruht nach der Fermentation auf dem alchemistischen Prinzip der Calcinatio. Nachdem durch Zwiebeln, Karotten, Staudensellerie, Petersilie und Kümmel in Kombination mit Knoblauch und Biersoße das Aroma passend zum Schweinekotelett verstärkt wurde, wird das Fleisch isoliert auf einen umgedrehten Teller gelegt, damit Flüssigkeit abtropfen kann, aber der Saft im Kotelett durch die komprimierte Feuchtigkeit unter der Folie erhalten bleibt. Die mehrfach wiederholte Reduktion mit etwas Bier und Wasser steigert die Aromawirkung der aufgeführten Ingredienzien.

Knuspriger Schweinebraten »exotisch«

Zutaten für
6 - 8 Personen
3 kg Schweineschulter
mit Schwarte
4 Msp. chinesisches
Fünf-Gewürze-Pulver,
mit etwa 4 Prisen Salz
und etwas gestoßenem
schwarzem Pfeffer
vermischt
2 Msp. Currypulver
1 Knolle junger
Knoblauch, in Scheiben
geschnitten
1 Stange Zitronengras,
flach geklopft und grob
zerkleinert
8 große Scheiben frischer
Ingwer, geschält
2 EL süß-saure
Chilisoße (im Asialaden
erhältlich)
2 EL neutrales
Pflanzenöl
4 EL Sojasoße
5 Nelken
1/2 TL Fenchelsamen
1/2 TL Korianderkörner
1 TL Kümmel
2 EL Sesamöl
2 EL Honig
3 EL heißes Wasser
Kartoffelstärke zum
Binden der Soße

Zubereitung

• Die Schwarte rautenförmig einschneiden (am besten schon vom Fleischhändler vorbereiten lassen) und von beiden Seiten kräftig mit dem Gewürzsalz würzen.

• Currypulver mit Knoblauch, Zitronengras, Ingwer, Chilisoße, Öl, 2 EL Sojasoße und Nelken vermengen. Fenchel, Koriander und Kümmel im Mörser grob zerreiben und unter die Marinade rühren. Schweineschulter mit der Gewürzmischung von beiden Seiten einreiben, mit Folie abdecken und über Nacht marinieren lassen.

• Am nächsten Tag die Schulter aus der Marinade nehmen, die Gewürze abstreichen und in eine feuerfeste Form geben. Gewürze circa 2 cm hoch mit Wasser bedecken und im vorgeheizten Backofen bei 190 °C aufkochen lassen. Die Schweineschulter mit der Schwarte nach unten in die Form geben, abdecken und etwa eine Stunde braten. Nach etwa 30 Minuten den Braten wenden (Schwarte zeigt nach oben) und mit Sesamöl einpinseln. 10 Minuten weiterbraten, dann das Fleisch wieder wenden, sodass die Schwarte unten liegt, und den Vorgang zweimal wiederholen.

• Das Fleisch aus dem Ofen nehmen, die Soße durch ein feines Sieb passieren. Die Schwarte mit Küchenkrepp vorsichtig trockenreiben und das Fleisch circa 30 Minuten lufttrocknen lassen.

• In der Zwischenzeit den Honig mit der restlichen Sojasoße und dem heißen Wasser verrühren, die Schwarte damit einpinseln und die Schulter auf einen Rost legen (Blech als Tropfschutz unter den Rost schieben). Im Backofen bei 190 °C weitere 1 1/2 - 2 Stunden kross braten (Gabelprobe: Beim Einstechen in das Fleisch sollte ein klarer Fleischsaft austreten – aber nicht zu oft einstechen, da das Fleisch sonst trocken wird). Während des Bratens die Schwarte immer wieder mit der Honigmarinade bepinseln. Etwas Kartoffelmehl mit kaltem Wasser anrühren und die aufgefangene Soße damit abbinden.

Tipp: Wer möchte, kann zum Schluss fein gehackten Knoblauch und Kümmel in heißer Butter aufschäumen lassen und das Fleisch damit beträufeln. Als Beilage serviert man am besten Gebratene Zuckerschoten mit Shiitake-Pilzen und Sojasprossen (Rezept siehe Seite 119). Der Schweinebraten schmeckt auch kalt sehr lecker.

ALCHEMISTISCH BETRACHTET

Grundsätzlich entspricht die Zubereitung des knusprigen Schweinebratens dem Vorgang der Coagulatio. Dabei ist entscheidend, welche Hitze man wählt, um möglichst viel Saft im Fleisch zu halten. Einmal gelingt dies durch geringere Erwärmung, zum anderen bei sehr starker Hitze: Bei starker Hitze zieht sich das Bindegewebe zusammen (Maillard-Effekt), und der Saft kann dann diese Kruste nicht mehr durchdringen (Anbraten). Zum Garen starker Fleischstücke allerdings ist dann folgend mäßige und lange während Wärme besser, weil der Braten so im eigenen Saft schmoren kann. Hier besteht der alchemistische Trick in den Unterbrechungen gleichmäßiger Erwärmung unter Zugabe von Flüssigkeit. Dabei können sich zum einen die inneren Säfte ausbreiten und wieder zusammenziehen. Zum anderen werden so die raffinierten Aromen aus Currypulver, Zitronengras, Ingwer, Chilisoße, Sojasoße, Kümmel, Koriander, Fenchel aufgenommen und eingesogen. Alles zusammen unterstützt die Verdauungsanregung und damit die Aktivierung des inneren Alchemisten zur Entgiftung, zur Blutreinigung und über die Isoflavone der Sojasoße zur ausgewogenen Immunanregung.

Gefülltes Zicklein im Brotteig mit Peperonata

Zutaten für 4 Personen

Für den Brotteig

350 g Weizenmehl,
Type 405
110 g Dinkelvollkorn-
mehl, Type 1050
110 g Dinkelgrieß
1 1/2 TL Anissamen,
grob zerkleinert
1 1/2 TL Salz
150 g fertigen Sauerteig
1 Würfel frische Hefe
(42 g)
200 ml lauwarmes
Wasser
90 ml Ziegenmilch (im
Reformhaus erhältlich)
Mehl für die
Arbeitsfläche
grobes Meersalz nach
Geschmack

Für die Füllung

2 mittelgroße Zwiebeln
2 Knoblauchzehen
4 EL Olivenöl
1 Scheibe Toastbrot
1 EL gehackte frische
Kräuter (Basilikum und
glatte Petersilie)
125 g Mozzarella
Salz
Pfeffer aus der Mühle
2 Zickleinkeulen à ca.
500 g (vom Metzger
hohl auslösen lassen)

Zubereitung

• Für den Brotteig die drei Mehlsorten miteinander vermischen. Anissamen, Salz und Sauerteig zugeben. Zerbröselte Hefe im lauwarmen Wasser auflösen.

• Mit dem Knethaken einer Küchenmaschine zu einem homogenen Teig verkneten, dabei langsam die Hefelösung und die Ziegenmilch einrühren. Den Teig auf bemehlter Arbeitsfläche zu einer Kugel formen, mit Mehl bestäuben und abgedeckt an einem warmen Ort 45 Minuten gehen lassen.

• Für die Füllung Zwiebeln und Knoblauchzehen schälen, in kleine Würfel schneiden und in 1 EL Olivenöl glasig dünsten. Toastbrot entrinden, in kleine Würfel schneiden, in 1 EL Olivenöl goldbraun braten und auf Küchenkrepp abfetten lassen. Zwiebel-Knoblauch-Mischung, Brotwürfel,

ALCHEMISTISCH BETRACHTET

Alchemistisch entscheidend ist bei diesem Rezept – wie beim Garen in Salzkruste – die isolierende Hülle, hier ein Brotteig (Fermentatio). Die Alchemisten benutzten diesen »Klebstoff« wegen seiner desinfizierenden Kraft gegen Bakterien, Viren und Pilze neben der Nahrungsaufbereitung auch für andere Zwecke: Bilderrahmen, Schränke, Holzstiegen und Küchengeräte wurden damit gereinigt. In unserem lukullischen Fall bildet Brotteig um das Zicklein einen alchemistischen Kessel, in dem es bei gleich bleibender Temperatur gart (Fixatio). Dabei entsteht eine kulinarische Metamorphose. Es werden chemische Reaktionen in Gang gesetzt, bei denen intensive Aromastoffe gebildet werden. Weitere Funktionen bei diesem Rezept sind Erweichung harter Substanzen, Gerinnung, Quellung oder Zersetzung, Veränderung des Aussehens, Reduktion oder Extraktion von Säften und Nährstoffen.

gehackte Kräuter und klein geschnittenen Mozzarella miteinander verrühren und mit Salz und Pfeffer würzen.

• Die Zickleinkeulen innen und außen salzen und pfeffern und gleichmäßig mit der Kräuter-Mozzarella-Masse füllen. Zickleinkeulen in einer Pfanne oder einem Bräter im restlichen Olivenöl von beiden Seiten goldbraun anbraten. Anschließend die Keulen aus der Pfanne nehmen und etwas abkühlen lassen.

• Brotteig erneut auf bemehlter Arbeitsfläche durchkneten, halbieren und etwa 1 cm dick ausrollen. Zickleinkeulen im Brotteig einschlagen, Enden umschlagen und fest zusammendrücken. Brotteig mit einer Gabel mehrmals einstechen und auf ein mit Backpapier ausgelegtes Backblech setzen. Brotteig mit kaltem Wasser bepinseln, mit etwas Mehl bestäuben und je nach Geschmack mit grobem Meersalz bestreuen. Im vorgeheizten Backofen bei 200 °C etwa 35 Minuten goldbraun backen.

• Für die Peperonata Zwiebel und Knoblauch schälen und in feine Streifen schneiden. Paprikaschoten waschen, mit einem Kartoffelschäler schälen, halbieren, entkernen und in dünne Streifen schneiden.

• Tomaten vom grünen Strunk befreien, kreuzförmig einschneiden, in kochendem Wasser überbrühen, eiskalt abschrecken, enthäuten, vierteln, entkernen und ebenfalls in Streifen schneiden.

• Olivenöl erhitzen, Zwiebeln und Knoblauch glasig anschwitzen, Paprikastreifen zugeben und 5 Minuten mitdünsten. Tomaten, Kräutersträußchen und Ketchup einrühren und mit Tomatensaft aufgießen.

• Die Kartoffel schälen und fein raspeln. Kartoffeln zur Bindung an die Peperonata geben und etwa 20 Minuten sämig einkochen lassen. Dabei immer wieder etwas Gemüsefond angießen. Peperonata mit Salz, Pfeffer und Cayennepfeffer pikant würzen.

• Zicklein im Brotteig aus dem Ofen nehmen, etwas ruhen lassen, dann aufschneiden. Mit der Peperonata servieren.

Tipp: Aus den Knochen am besten eine Soße ansetzen. Dazu die klein gehackten Knochen rösten, grob geschnittenes Wurzelgemüse, Zwiebeln, Knoblauch, Thymian, Rosmarin, Lorbeer, Piment und Pfefferkörner zugeben. Wasser angießen, einreduzieren (Vorgang dreimal wiederholen) und etwa 2 Stunden leise köcheln lassen. Je nach Geschmack mit einem Schuss Rotwein verfeinern und mit Stärke oder kalter Butter leicht binden. Mit Salz und Pfeffer würzen und zum Zicklein servieren.

Für die Peperonata
1 Zwiebel (ca. 50 g)
1 Knoblauchzehe
1 rote Paprikaschote
(ca. 200 g)
1 gelbe Paprikaschote
(ca. 200 g)
3 Tomaten (ca. 120 g)
3 EL Olivenöl
1 Bouquet garni
(einige Petersilien-
und Thymianzweige,
1 Lorbeerblatt, mit
einem Faden
zusammengebunden)
1 EL Tomatenketchup
150 ml Tomatensaft
1/2 Kartoffel
100 ml Gemüsefond
Salz
Pfeffer aus der Mühle
Cayennepfeffer

Lebensmittel –
alchemistisch gewertet

Anis

Die Samen dieses Dolden-
blütlers mit dem botanischen
Namen *Pimpinella anisum* enthalten ein sehr wirksames
essenzielles Öl, das den inneren
Alchemisten stärkt. Es wirkt
harntreibend, sorgt für guten
Gallenfluss und fördert das
Verdauungssystem. Außerdem
beruhigt es Herz und Nerven
und erfrischt die Atemwege.
Die Anis-Destillate Ouzo oder
Raki eignen sich – behutsam
getröpfelt – auch zum finalen
Aromatisieren (Projectio) mancher mediterraner Gerichte.

Basilikum

Diese Gewürz- und Heilpflanze
stammt aus Indien, wo sie noch
heute wegen ihrer antiseptischen
und krampflösenden Kräfte
als heilig verehrt wird; das aro-
matisch besonders intensive
Original findet man bei uns in
Asialäden. Im Mittelmeerraum
hat sich Basilikum mit seinem
unwiderstehlichen Geschmack
den Ruf als Königin der Kräuter

erworben. Zu Recht, denn seine
ätherischen Öle lindern nicht
nur Darmprobleme, sondern
klären auch Geist und Gemüt.

Bouquet garni

Klassische französische Kräuter-
kombination aus Petersilie,
Thymian und Lorbeer. Die Kräuter werden mit einem Faden
zusammengebunden und nach
der Fertigstellung des Gerichtes
entfernt.

Chili (Cayennepfeffer)

Chili ist der mexikanische
Name für den Cayennepfeffer
aus Südamerika, dessen Schoten
es in 50 verschiedenen Sorten,
Formen und Farben gibt; die
Farbe – von Grün bis Violett –
zeigt lediglich den Reifegrad an.
Das scharfe rote Chilipulver
wird aus den getrockneten
Früchten gemahlen. Beim
Chili sind nicht nur der Gehalt
an Vitamin C und Spuren-
elementen beachtenswert, sondern vor allem sein essenzielles
Öl, das reich an Capsaicin ist:

ein wertvolles Antioxygen, das
schmerzlindernd, bakterientö-
tend und entzündungshemmend
wirkt, den Cholesterinspiegel
senkt und Herz und Kreislauf
gut tut.

Currypulver

Indische Gewürzmischung aus
Kurkuma, Kardamom, Koriander, Ingwer, Kümmel, Muskatblüte, Nelken, Pfeffer und Zimt,
die im Original nach unzähligen
verschiedenen Hausrezepten
zusammengestellt und gemörsert
wird – Geschmack und Wirkstoffe entfalten sich so am besten.
Mit einem kräftigen Mörser
oder einer Gewürzmühle ist die
frische Zubereitung problemlos
und ein Genuss.

Dill

Dill ist wie der verwandte
Fenchel (siehe dort) ein Dolden-
gewächs, von dem man Blätter
und Samen (Gurkenkraut) verwenden kann. Das Kraut war
schon im alten Ägypten bekannt,
seine Würzkraft ist vor der

Blütezeit am stärksten. Dill wirkt krampflösend auf das Verdauungssystem und wird bei Frauenleiden und in der Stillzeit empfohlen.

Estragon

Der Name dieses Krauts ist arabischen Ursprungs. Sein essenzielles Öl wirkt verdauungsfördernd und regt die Körperfunktionen an. Tipp: Mit gutem Essig oder nativem Olivenöl ansetzen, dann hat man die extrahierten Wirkstoffe für Marinaden parat.

Fenchel

Der Fenchel ist eine vielseitige Küchenpflanze. Da ist einmal die Knolle, als Gemüse sättigend, jedoch kalorienarm, reich an Vitamin A, B und C, Phosphat und Schwefel – vor allem aber eine »Kaliumbombe« und somit hervorragend zur Senkung von Bluthochdruck geeignet. Seit langem nachgewiesen ist seine östrogene Wirkung, weshalb Fenchel bei Beschwerden während der Menstruation und in den Wechseljahren sowie zur Muttermilchbildung empfohlen wird. Die appetitanregenden und die Verdauung fördernden Wirkstoffe befinden sich im essenziellen Öl und sind konzentriert in der Wurzel und in den Samen. Reichlich Fenchel-

kraut, zum Beispiel als Füllung von gedünstetem Fisch, beschert Geschmack und Gesundheit. Gestoßener Fenchelsamen als Würze oder im Sud verhindert die Bildung von Harnsäure und beugt damit Gicht vor.

Fünf-Gewürze-Pulver

Chinesische Gewürzmischung; üblicherweise aus gemahlenem Sternanis, Kassiarinde, Sichuanpfeffer, Fenchelsamen und Nelken. Intensiver sind immer frische Mischungen, die man sich bereiten lassen kann.

Galgant

Diese tropische Wurzel ähnelt auch im Geschmack dem Ingwer (siehe dort). Beim Schneiden bekommt man schrumpelige Finger – aber der Aufwand lohnt sich!

Honig

Ein natürliches Antibiotikum, das die Arbeit des inneren Alchemisten durch aromatische Substanzen, Fruktose, Glukose und die Inhaltsstoffe von Blütenpollen erleichtert.

Ingwer

Diese Kulturpflanze aus Südasien wird im Ayurveda auch Vihabhesaj genannt: »die universale Medizin«. Ingwer sollte man in der Küche nur als frische

glatte Wurzel verwenden, auch wenn das Abschaben der Haut, das Kleinschneiden oder gar das Auspressen des Saftes in der Knoblauchpresse etwas mühselig ist. Man bringt sich sonst um die essenziellen Wirkstoffe dieser universalen Medizin: gegen Blähungen, Brechreiz, morgendliche Übelkeit und Reisekrankheit; gegen Erkältungen und Grippe; gegen Störungen der Blutzirkulation und Blutgerinnsel; gegen rheumatische Schmerzen und Steifigkeit. Darüber hinaus verleiht Fenchel zahlreichen Gerichten, von mariniertem Grillfleisch bis zur Hühnerbrühe, einen köstlichen Geschmack.

Kardamom

Diese Kapselfrucht aus Südindien begegnet uns hierzulande meist nur in pulverisierter Form und in der Menge einer Messerspitze beim Backen des Christstollens. Die Araber haben den Kardamom »Samen des Paradieses« genannt, weil er – nach dem Essen gekaut – den Atem erfrischt und die Verdauung stimuliert. Die Essenz steckt auch bei diesem Gewürz im Öl der Samen, das nicht nur ein wunderbares Aroma besitzt, sondern im Ayurveda auch als Mittel zur Gedächtnisförderung und Aphrodisiakum gilt.

Kerbel

Kaum bekannt ist, dass dieses Kraut aus Südostrussland stammt, und die wenigsten wissen, dass es im Frühling seine stärksten Kräfte entfaltet. Kerbel enthält Vitamin A, B und C, dazu Eisen und wie jedes Kraut besondere ätherische Öle sowie Bitterstoffe. Diese wirken gegen Gicht, Anämie und Bronchitis – im Frühjahr und wenn man Kerbel frisch Salaten oder Soßen zugibt. Erhitzen treibt ihm alle Kräfte aus.

Knoblauch

Knoblauch (*Allium sativum*) zählt wie Zwiebeln, Schalotten, Lauch, Schnittlauch und Frühlingszwiebeln zur Familie der Liliengewächse – aus der Verwandtschaft ergeben sich ähnliche Eigenschaften. Der Knoblauch stammt aus Zentralasien und hat einen langen Weg als Heil- und Kulturpflanze hinter sich: über China und Mesopotamien in den Vorderen Orient. Beim Bau der Pyramiden, in Ägypten 2600 v. Chr., soll man die Arbeiter mit Knoblauch »gedopt« haben. Die Heroen der griechischen Antike haben sich mit Knoblauch gestärkt und vor Infektionen geschützt. Die Mönche des Mittelalters benutzten Knoblauch zur Abwehr der Pest.

Während der Cholera-Epidemie des 19. Jahrhunderts wurde Knoblauch als Heilmittel eingesetzt.

Knoblauch enthält als mächtige Wirkstoffe verschiedene Schwefelkomponenten (Sulfur!), die beim Kochen hervortreten, und ein flüchtiges Öl, das beim Zerdrücken der Zehe freigesetzt wird: Allicin. Die medizinisch bestätigten Effekte kann man nur aufzählen: antibiotische Wirkung gegen Infektionserreger; senkt erhöhte Blutfettwerte; fördert den Blutfluss; reguliert Bluthochdruck; senkt hohe Blutzuckerwerte; verringert das Schlaganfallrisiko; Antikrebswirkung. In summa: Knoblauch stärkt den Kreislauf und die Immunabwehr. In Mengen ausgedrückt: Ein bis zwei frische Knoblauchzehen täglich machen sich binnen Wochen gesundheitlich bemerkbar. Da kann man schon eine geruchliche Begleiterscheinung der Körperausdünstung hinnehmen. Darüber hinaus ist ein leiser Knoblauchduft an vielen Gerichten höchst schmackhaft, von der Verdauungsförderung ganz abgesehen.

Koriander

Die »chinesische Petersilie« hat, frisch gehackt und über Gerichte gestreut, dank ihres pikanten Aromas auch bei uns Anhänger und Hobbyzüchter gefunden. Koriander liefert Vitamin B, Folsäure und wie alle Kräuter essenzielles Öl, das in diesem Fall eine starke antibiotische Wirkung besitzt und gegen Verdauungsstörungen und nervöse Darmbeschwerden hilft. Den Samen – zerstoßen und als Würze verwendet – wird eine noch größere Wirkung zugeschrieben.

Kümmel

Kümmel war bereits den arabischen Ärzten bekannt. Seine Beliebtheit verdankt das Gewürz vor allem seiner verdauungsfördernden Wirkung: Die Samen regen den Appetit an und beugen Blähungen vor.

Kurkuma

Wird auch Gelbwurz oder »Safran des armen Mannes« genannt. Das ausgemahlene Pulver des Rhizoms, das in keinem Currypulver fehlt, färbt Speisen herrlich gelb und besitzt auch blutreinigende Kräfte.

Lorbeer

Die ersten Lorbeerbäume wuchsen im Himalaja; die immergrünen Blätter, die bei uns als Würzkraut verwendet werden, stammen meist von Pflanzen aus den Mittelmeerländern. Frische Lorbeerblätter sollte man sparsam verwenden, da ihr Aroma viel stärker ist als bei getrockneten Blättern. Das darin enthaltene essenzielle Öl, durch längeres Kochen extrahiert, regt den Appetit an, fördert die Verdauung und lindert Blähungen.

Majoran

Die Staude stammt aus Nordafrika und wurde als Gewürz bei uns unter dem bezeichnenden Namen »Wurstkraut« bekannt. Die Bitter- und Gerbstoffe im Öl der Blättchen entwässern, stärken den Magen, lösen Krämpfe im Darmtrakt und wirken vor allem schleimlösend. Die wilde Fom des Majorans, der Oregano, besitzt ähnliche Eigenschaften.

Mandeln

Die Steinfrüchte des Mandelbaumes haben einen ziemlich hohen Kaloriengehalt, sind aber zugleich reich an ungesättigten Ölen, Vitamin E und Kalzium. Im Ayurveda gelten Mandeln als hervorragende Nervennahrung; empfohlen werden sie auch bei erhöhten LDL-Cholesterinwerten.

Meerrettich

Aus dem fleischigen Wurzelstock dieses Kreuzblütlers wurde schon früh ein harntreibendes und krampflösendes Heilmittel (*Radix armoraciae*) gewonnen. Meerrettich liefert Vitamin C und reichlich die wertvollen Spurenelemente Kalzium, Eisen, Magnesium, Phosphat, Kalium und Schwefel, die bei Arthritis, Gicht und Rheuma helfen. Wie hervorragend Meerrettich die Atemwege frei macht, lehrt schon der Verzehr einer Gabelspitze der frisch geriebenen Wurzel.

Minze

Frische Minzeblätter sollte man viel häufiger als erfrischendes Gewürz oder zum Garnieren süßer wie pikanter Gerichte verwenden. Ihr essenzielles Öl wirkt antiseptisch, entzündungshemmend und krampflösend auf das Verdauungssystem, außerdem entspannend und beruhigend auf das Nervensystem.

Muskat

Am immergrünen Muskatnussbaum der Inselwelt Indonesiens und Westindiens hängen Steinfrüchte, so groß wie ein Pfirsich. Aus dem fleischigen Samenmantel, getrocknet und zerschlitzt, gewinnt man Mazis, die so genannte Muskatblüte; die Samen sind das als Muskatnuss bekannte Gewürz. Es enthält essenzielles Öl mit schmerzlindernden Substanzen, wirkt hilfreich bei Verdauungsschwäche und beruhigt Geist und Nerven.

Nelken

Von den Molukken und Sansibar stammen die getrockneten Blütenknospen des Gewürznelkenbaumes, ein Myrtengewächs. Sie weisen einen hohen Gehalt an ätherischen Ölen von großer antiseptischer Wirkung auf und sind heilsam bei Darminfektionen.

Paprika

Der Gewürzpaprika, vor allem im Süden Europas angebaut, ist ein dem Chili (siehe dort) verwandtes fleischiges Nachtschattengewächs. Aus dem Fleisch milder Sorten wird das süße Paprikapulver hergestellt; beim scharfen Pulver werden die Samen mit gemahlen.

Petersilie

Petersilie haben wohl schon die alten Römer über die Alpen gebracht. Das Küchenkraut ist zu Recht so beliebt: Es ist reich an Vitamin A, B, C, Karotin und Eisen, wirkt harntreibend, leicht abführend und blutreinigend, regt die Leberfunktion und den Gallenfluss an und wirkt antiseptisch auf die Lungen.

Pfeffer

Die Heimat des Pfeffers ist Ostindien; das starke Gewürz wird aber bereits von Hippokrates gerühmt. Gewonnen wird Pfeffer aus den Samenfrüchten des Pfefferstrauches (*Piper nigrum*). Schwarze Pfefferkörner sind die getrockneten unreifen Beeren, weiße Körner die geschälten reifen Früchte; bei grünem Pfeffer, meist eingelegt, handelt es sich um die unreifen Beeren, bei rotem Pfeffer, künstlich getrocknet, um die reifen. Alle Pfeffersorten enthalten Spurenelemente, Chrom, essenzielle Ölkomplexe und vor allem das Alkaloid Piperin, das intensiv Verdauung, Herz und Kreislauf anregt. (Siehe auch Chili)

Piment

Wird auch Nelkenpfeffer genannt, weil er wie eine Mischung aus Zimt, Muskat und Nelken schmeckt. Wegen dieses Mischaromas passt Piment zu vielen – süßen ebenso wie pikanten – Gerichten. Das Gewürz verhindert Blähungen.

Pinienkerne

Die »Pinoli« aus Italien sind die äußerst energie- und nährstoffreichen Samenkerne der Pinie. Sie enthalten Vitamin A und B, Kalzium, Magnesium, Phosphat, Kalium, Zink sowie Oleinsäure.

Rosmarin

Vor allem in der Mittelmeerküche beliebtes Kraut, das harn- und schweißtreibend wirkt, Galle und Verdauung anregt – und Speisen ein zartes Aroma verleiht. Gut bei Gicht, Asthma, Grippe und Allergien.

Safran

Safran war und ist eines der kostbarsten Gewürze der Geschichte: 50.000 feine Blütennarben von *Crocus sativus* müssen von Hand gezogen und getrocknet werden, um 100 Gramm echten Safran zu gewinnen. Doch schon wenige Fäden verleihen Gerichten eine starke gelbe Farbe, ein zartbitteres, honigähnliches Aroma und beruhigende, krampflösende Wirkungen.

Sauerampfer

Dieses Blattkraut von der Wiese schenkt fein geschnitten eine pikante Würze und liefert Vitamin C, Eisen und Oxalate. Letztere sind saure Salze – wie in Mangold, Spinat, Rhabarber – mit abführender und blutreinigender Wirkung.

Schnittlauch

Der Schnittlauch ist wie der Knoblauch (siehe dort) und die Zwiebel ein Liliengewächs und kommt geschmacklich der Frühlingszwiebel am nächsten. Roh und frisch zugefügt, steckt Schnittlauch voller Vitamine (A, B, C, Bioflavonoide) und Spurenelemente (Kalzium, Magnesium, Phosphat, Kalium, Schwefel) und enthält essenzielles Öl. Wirkt antibakteriell, pilztötend und harntreibend sowie gegen Gicht, Rheuma, Arthritis und Arteriosklerose.

Sesam

Eine Pflanze mit arabischem Namen, ein Gewürz indischen Ursprungs und ein Öl, das vor allem in der ostasiatischen Küche beliebt ist. Die Sesamsamen entfalten ihr nussiges Aroma am besten, wenn sie kurz angeröstet werden.

Sternanis

Sternförmige Früchte eines Magnolienbaumes aus China, die mit ihren Samen getrocknet werden. Sie entfalten ein noch würzigeres Aroma als Anis (siehe dort): Sie enthalten nämlich das gleiche ätherische Öl Anethol. Auch in der Wirkung sind die beiden Gewürze vergleichbar.

Tandoori

Indische Würzmischungen, in denen Huhn, Fisch und Krustentiere einige Stunden mariniert werden, ehe sie im heißen Ofen (tandoor) oder Grill gegart werden. Die häufigsten Ingredienzien sind Chili, Koriander, Kreuzkümmel, Kurkuma, Ingwer, Knoblauch, Zitrone und Joghurt.

Thymian

Der *Thymus vulgaris* unserer Gärten und Balkone stammt aus dem Mittelmeerraum und enthält stark antibakterielle Substanzen. Thymian wirkt antiseptisch auf Hals, Lunge und Verdauungstrakt und stärkt den Kreislauf.

Vanille

Die Kapselfrüchte dieser Orchideenart aus Mexiko sind eigentlich völlig geruchlos. Farbe und Geschmack erhalten die Vanilleschoten erst bei der Fermentierung, bei der durch Enzymreaktionen der Aromastoff Vanillin entsteht. Diese Kunst haben schon die Azteken entdeckt, um ihre Schokolade

zu würzen. So wurden ihnen auch die stärkenden und anregenden Kräfte der Vanille zuteil.

Wacholder

Eine europaweit verbreitete Pflanze, die freilich im Süden würziger ausfällt. Die hübschen Beeren, die den stachligen Strauch schmücken, brauchen drei Jahre, um reif und schwarz zu werden. Dann allerdings besitzen sie erhebliche Kräfte gegen Gicht, Rheuma, Darminfektionen und Blasenentzündung, verhindern die Bildung von Harnsäure, entgiften den Körper, regen die Bauchspeicheldrüse an und helfen so bei Diabetes.

Zimt

Zimt gehört zur großen Gattung *Cinnamomum*, einem Lorbeergewächs; hergestellt wird das Gewürz aus der Rinde des auf Sri Lanka heimischen Zimtbaumes – in Stangenform oder

als Pulver. Im Ayurveda gehört Zimt mit Kardamom und Lorbeerblättern zu den drei Aromaten der Rezepturen. Die aromatischen Öle des Zimtes wirken beruhigend, erwärmend und schmerzlindernd und bieten Schutz für Herz und Atemwege.

Zitrone

Bei den Früchten des Zitronenbaumes aus Nordindien kann man von Alchemie in Reinkultur sprechen: Sie sind reich an Vitamin C, Enzymen und Antioxygenen. Zitronen wirken desinfizierend, stärken das Immunsystem und beugen Erkältungen vor.

Zitronengras

Die schilfige Pflanze ist in Asialäden erhältlich. Ihr weißer, weicher Ansatz nahe der Wurzel schenkt, klein geschnitten, vor allem Brühen ein ausgesprochen würziges Aroma.

Küchenbegriffe –
alchemistisch verstanden

Ablöschen, Deglacieren
Die Aroma- und Geschmacks-
moleküle des Bratensatzes von
Fleisch, Gemüse oder Würzmischungen werden durch
Zugabe geringer Flüssigkeits-
mengen (Brühe, Wein, Fond)
gelöst und als Würzmittel eigener Art konzentriert.
Alchemistisch: Solutio – Lösung
oder Schmelzung von Grundstoffen.

Anschwitzen
Gemüse oder Kräuter werden in
Fett rasch angeröstet, ohne sich
zu verfärben.
Alchemistisch: Fixatio – Ver-
festigung des Eigencharakters.

Auflauf, Soufflé
Fein gewürzte Masse, die durch
Zugabe von steif geschlagenem
Eiweiß aufgeht – »aufläuft«. Der
französische Begriff »soufflie-
ren« beschreibt das Verfahren
genauer: »aufblasen«. In Eiweiß,
eine Mischung aus Wasser und
Proteinen, zieht man mit dem
Schneebesen Luftblasen ein. Je
länger man schlägt, desto feiner
werden die Luftbläschen von
Proteinen umgrenzt und im
Wasser verteilt und festgehalten.
Das Eiweiß wird zum Eischnee
aufgeblasen. Die Wärme im
Ofen dehnt dann die Luftbläs-
chen aus.
Alchemistisch: Digestio – Zerteilung der Substanzen.

Ausflocken
In einer Emulsion (siehe dort)
verteilte Tröpfchen vereinigen
sich, zum Beispiel zur Rahm-
decke (Fett) auf der Milch, aber
auch zu Klümpchen in Soßen,
wenn die Balance von Fetten,
Proteinen und Wasser nicht
stimmt.
Alchemistisch: Fixatio – Verfestigung von Stoffen.

Braten
Garen bei hohen Temperaturen
in der Pfanne – unter Zusatz
von Fett – oder im Ofen; siehe
Maillard-Reaktion.

Destillieren
Trennung von Flüssigkeitsge-
mischen durch Verdampfen,
Gewinnung des verdampften
Stoffes durch Kondensation.
Grundlegend zur Herstellung
von Spirituosen und hochwerti-
gen Aromen. Als Erfinder des
Prinzips gilt der persische
Alchemist, Arzt und Philosoph
Avicenna (980 - 1037). Er ent-
deckte, dass *al-kuhl* (Weingeist)
bereits bei 78,3 °C verdampft,
Wasser erst bei 100 °C.
Alchemistisch: Destillatio – Ab-
scheidung des Flüssigen vom
Festen; Sublimatio – Verfeine-
rung durch Verflüchtigung.

Dünsten
Garen im eigenen Saft mit mög-
lichst wenig Flüssigkeits- oder
Fettzugabe.
Alchemistisch: Sublimatio – Ver-
feinerung durch Verflüchtigung.

Emulsion
Eine Mischung von Flüssigkeiten, die sich eigentlich nicht
miteinander vermischen lassen,

wie Öl und Wasser. Man unterscheidet Öl-in-Wasser-Emulsionen (z. B. Butter) und Wasser-in-Öl-Emulsionen (z. B. Mayonnaise). Doch auch die Lösung von Bratensaft durch Wein oder Wasser führt zu einer Emulsion, ebenso die Mischung von Öl und Essig zur Vinaigrette. Entscheidend für Beständigkeit und Qualität ist, dass sich die Tröpfchen von Wasser in Fett – bzw. umgekehrt – möglichst fein verteilen; dabei helfen »grenzflächenaktive Moleküle« (Emulgatoren), die sich »hydrophil« an Wasser oder »lipophyl« an Fett anbinden. Außerdem spielen Mischungsverhältnis und Temperatur eine ausschlaggebende Rolle, sonst klumpt die Soße, flockt aus oder gerinnt irreparabel.
Alchemistisch: Solutio und Fixatio – Lösung und Verfestigung.

Fond
Konzentrat aus Aromen und Gelatine, das durch Auskochen von Fleisch oder Fisch mit Gemüsen gewonnen wird.
Alchemistisch: Cohobatio – Vereinigung von Substanzen.

Frittieren
Garen durch Eintauchen in stark erhitztes Fett.
Alchemistisch: Calcinatio – Verglühung.

Gärung
Kontrollierte Umwandlung eines organischen Stoffes durch Mikroorganismen wie Hefen, Milchsäure- oder Essigbakterien, Zitrussäuren zu Wein, Bier oder Sauerteig, Joghurt, Käse oder Sauerkraut.
Alchemistisch: Fermentatio – Gärung.

Gelieren
Herstellung aromatisierter Flüssigkeiten aus Fleisch oder Früchten durch Konzentration, die beim Abkühlen (unter Umständen durch Zugabe von Gelatine aus Kollagen) erstarren.
Alchemistisch: Fixatio – Verfestigung von Stoffen.

Glasieren, Glacieren
Überglänzen von Speisen mit dem eigenen Fond, Gelee oder Zuckerguss zur Geschmacksverfeinerung und zum Schutz vor Austrocknen.
Alchemistisch: Fixatio und Projectio – Verfestigung und Veredelung.

Gratinieren
Überbacken eines Gerichtes bei starker Oberhitze, damit sich eine appetitliche goldbraune Kruste bildet.
Alchemistisch: Fixatio und Sublimatio – Verfestigung und Verfeinerung.

Karamellisieren
Bräunen von Zucker zur Intensivierung von Geschmacksstoffen.
Alchemistisch: Solutio und Sublimatio – Schmelzung und Verfeinerung.

Kollagen
Gerüstproteine zur Festigung des Gewebes, die durch längeres Köcheln oder Hitzeeinwirkung löslich sind; das Fleisch wird zarter.
Alchemistisch: Solutio – Lösung.

Maillard-Reaktion
Beim Braten, Grillen, Frittieren, Karamellisieren – und Backen – reagieren unter Einwirkung hoher Temperaturen zuckerähnliche Kohlehydrate und Aminosäuren miteinander und entwickeln dabei geruchs- und geschmacksverbessernde Substanzen sowie Bräunungsstoffe oft intensiver Färbung: Die in der Oberfläche enthaltene Flüssigkeit verdunstet, die Proteine gerinnen, es bildet sich eine duftende Kruste, und das Innere von Fleisch wird zarter, weil für Stabilität sorgende Kollagenmoleküle abgebaut werden. Zur Verbesserung der Wärmeübertragung werden magere Stücke zuvor eingefettet. Die Reaktion ist nach dem französischen Biochemiker

L.C. Maillard benannt.
Alchemistisch: Calcinatio und Solutio – Verglühung und Schmelzung.

Marinade

Eine mit Kräutern und Gewürzen angereicherte saure Flüssigkeit zum Einlegen, Aromatisieren oder Konservieren von Fleisch (Beize), Salaten (Vinaigrette mit Öl) oder Gemüsen. Bei der Beize zersetzt Säure das Bindegewebe und macht das Fleisch mürbe – das braucht Zeit. Spezialisten raten zu dem Trick, die Beize auch mit einer Spritze zu injizieren, denn das beschleunige den Prozess und schütze das Fleisch beim Braten vor dem Austrocknen.
Bei der Vinaigrette aromatisiert eine Emulsion (siehe dort) die Salate. Sie muss allerdings gut aufgeschlagen sein und darf nur kurz einwirken, sonst dringt Flüssigkeit in feine Salatblätter ein und macht sie hinfällig. Vor allem bei gemischten Salaten ist die sorgfältige Reihenfolge beim Anmachen zu beachten: Hart geht vor zart.

Alchemistisch: Fermentatio und Sublimatio – Gärung und Verfeinerung.

Parfümieren

Speisen durch aromatische Liköre oder Essenzen ausgeprägt würzen.
Alchemistisch: Projectio – Veredelung.

Pilieren

Im Mörser zerreiben, zerstoßen, zerquetschen.
Alchemistisch: Digestio – Zerteilung.

Pochieren

Gar ziehen; Speisen werden knapp unterhalb des Siedepunktes gegart.
Alchemistisch: Fixatio – Verfestigung.

Poëlieren

Garvorgang zwischen Braten und Dünsten. Zartes Fleisch wird auf Kräutern, Gewürzen, Gemüsestückchen, mit Butter benetzt, im Ofen gegart.
Alchemistisch: Sublimatio – Verfeinerung.

Reduzieren

Durch Einkochen einer Flüssigkeit werden die Anteile von Wasser reduziert und die Aromen verstärkt (Soßen!).
Alchemistisch: Sublimatio – Verfeinerung durch Verflüchtigung.

Rösten

Kontrolliertes Erhitzen von Lebensmitteln unter Bräunungseffekten zur Geschmacksintensivierung (auch Kaffeebohnen, Maronen, Gewürzmischungen).
Alchemistisch: Calcinatio und Purificatio – Verglühung und Reinigung.

Schmoren

Kräftiges Anbraten, um die Poren des Gargutes zu verschließen. Danach wenig Flüssigkeit angießen und abgedeckt im Ofen oder auf geringer Flamme garen.
Alchemistisch: Fixatio – Verfestigung.

Rezeptregister

Bildkonzeption und Styling: Helge Stüssel-Harzer
Foodfotografie: Dirk Tacke

Übrige Fotos:
Archiv für Kunst und Geschichte 10, 11, 12, 17, 19, 20, 21, 22,
30, 31, 32, 35, 37, 40, 44, 45, 49, 52, 53, 56, 59, 60, 61, 62, 63
Bilderberg/Baumgartl 2, 68, 69
Mosaik Verlag/Beer 26, 27, 66
-/Böttcher 5, 13, 15, 16, 33, 34, 38, 39, 47
-/Stüssel/Santi 42, 43, 54, 67
-/Teubner 111
-/Ziegler 23, 24

Rezeptentwicklung und -ausarbeitung:
Monika Schuster, Steffen Kimmig
Textredaktion: Annette Baldszuhn
Design, Layout: Noelle Thieux
Satz: Noelle Thieux, Lorenz & Zeller
Bildakquisition: Elisabeth Franz
Umschlaggestaltung: Petra Dorkenwald,
Grafik-Design & Artwork, München
Umschlagfoto: Dirk Tacke
Reproduktion: Lorenz & Zeller, Inning a. A.
Druck: Alcione, Trento
Bindung: Ecoprint, Lavis-Trento
Printed in Italy
ISBN 3-576-11563-3